百习而见商学院系列
瓮春春 主编

HR
薪酬激励技能实操全案
中小企业如何做好薪酬管理和员工激励

瓮春春 尹超 邬登凤 ◎ 著

Compensation
Management
Skills
Practical Solution

中国法制出版社
CHINA LEGAL PUBLISHING HOUSE

前　言

人力资源管理的起源逻辑

人力资源管理的核心，是通过各种对人的研究和实践，充分发挥人的价值，为组织服务，创造组织需要的价值。因此人力资源的核心，从底层逻辑上讲，是研究人心、人性、需求和欲望。

整个人类社会的发展，实际上就是人心、人性、需求和欲望的发展。

商业的本质是等价交换，是由不同时期、不同场合、不同境况下，不同的人基于不同的价值观、思维模式、行为习惯而延伸出的不同需求和欲望之间的交换。

没有需求，就没有交换；没有交换，就没有商业。

比如，智能机的普及，实际上仅仅是在时代大背景下，由于物质文明的发展而使得人产生的一种新的精神需求。

因此，整个人类的发展，人力资源的核心逻辑，实际都是基于马斯洛需求延伸出的，核心逻辑就是研究人和有效运用人，为组织和个人需求、欲望服务。

人类发展的不同阶段，延伸出不同的物质和精神需求，为了更好地满足需求，产生了三类不同的解决方案。

一、纯物质的解决方案

如解决饥饿需求的食物，解决寒冷需求的衣服等。

二、纯精神的解决方案

如解决技能需求的授课，解决无聊需求的聊天等。

三、物质+精神的解决方案

如解决面子需求的婚宴（美食+荣誉），解决空虚需求的游戏（平台+机制）等。

随着需求越来越多样化，资源和分工也越来越多样化，为了更好地协同和充分运用好"人"这种资源，产生了专门研究"人"这种资源的学科——人力资源管理。

实际上，人力资源管理仅仅是管理学的一种。管理学会对人、事、资源等进行合理有效的计划、组织、协调、控制、监督、实施、改进。人力资源管理，主要是对"人"这种资源进行合理有效的计划、组织、协调、控制、监督、实施、改进。

万变不离其宗，因此，人力资源管理本质上是一门研究和有效运用人心、人性、需求、欲望为主体的管理学科。脱离了管理，甚至把人力资源管理凌驾于整个管理学之上的做法，实属本末倒置，以偏概全。

显而易见，人是管理的核心资源，却不是全部资源。学过逻辑学的人应该明白，人力资源管理隶属于管理学的关键部分，与管理学是从属关系，一部分又如何能凌驾甚至替代整体呢？这是很荒诞

| 前　言 |

的逻辑，这也是为何许多科班出身的人力资源从业者，真实人力水平还不如运营部门负责人的水平高，因为他们的眼睛只盯着"人"，而忽略了与人相关的其他资源之间的协同关系，久而久之，片面地拔高和割裂了人力资源，导致思维陷入固化的陷阱，同时又缺乏对人性的深度洞悉，喜欢停留在研究方法论和操作工具层面，丢失了人力资源管理的根本之道。

根据此逻辑可以得出，真正的管理学大师，一定是人力资源管理大师。但是传统的人力资源管理大师可能只是管理学高手，不一定是管理学大师。

人力资源水平的划分逻辑

一直以来，人力资源管理的等级段位没有一个很明确的划分。现在，笔者就基于对上百万名HR的接触观察，根据任职资格标准的基本逻辑，从以下几个维度进行评估并划分出HR的学徒6级和高手9段。

维度一：工作内容

人力资源从业者在组织内部承担的职责越多、越高，水平要求就越高。

对于负责战略的HR决策者和负责管理的HR管理者，以及负责执行的HR实施者，水平要求各不一样。

维度二：管理幅度

人都是独一无二的，组织内的人数越多，人心、人性、需求、欲望就越多，人力资源管理的工作量和复杂度，在不同人的四类要素排列组合下，呈几何级数增长，同样的工作内容，对人力资源管理水平要求也就越来越高。

10000人的企业和500人的企业，同样都是HRM，涉及的人员数量不同，会导致问题数量不同，对HR人员的能力要求明显不同。

维度三：管理难度

除了数量，组织的目标要求越高（经营指标），人员分类越复杂，面对同样事情时，人力资源管理的难度就越大，对人力资源管理水平要求也就越高。

年营收千亿元的公司和年营收十亿元的公司，对HR人员的能力要求明显不同。而人员类别单一的公司和人员类别复杂的公司，对HR人员的能力要求明显又不同。

维度四：管理业绩

组织在不同时期，不同难度，不同幅度，不同内容下，人力资源管理者承担的职责难度也不同，而在不同情况下，要把人力资源工作做出同样的业绩，对能力的要求也是不一样的。

招聘同样的岗位/数量，在资源匮乏的公司完成，和在资源充足的公司完成，对HR人员的能力要求明显不同。在初创期的公司完成，和在成熟期的公司完成，对HR人员的能力要求又不同。

维度五：体系高度

一套体系包含四个核心要素：

道：大道至简，有一套能解释领域内所有现象的底层逻辑规律。

法：有一套根据底层逻辑规律延伸出来的，适合所有现象问题

| 前 言 |

解决的指导型方法论。

术：有一系列根据指导型方法论延伸出来的，适合问题解决的操作技巧。

器：有一系列承载操作技巧的标准化的操作工具模型。

做同样的事情，在不同的认知高度、思维模式、行为习惯下呈现出的方式不同，凸显出HR人员的水平也不一样。复制他人工具执行完成的，和思考创立自己工具执行完成的HR人员的水平明显不同。而创立操作工具的和创立方法论的，HR人员的水平又明显不同。

目 录
CONTENTS

第一章　零基础搭建薪酬体系的操作步骤

005 ｜ 第 1 节　薪酬的本质
007 ｜ 第 2 节　锁定薪酬管理的核心目的
011 ｜ 第 3 节　盘点薪酬管理的主要依据
016 ｜ 第 4 节　选择薪酬结构常见形式
019 ｜ 第 5 节　薪酬组成部分
022 ｜ 第 6 节　输出薪酬设置的实施细则

第二章　实用型调薪制度确定的操作方法

039 ｜ 第 1 节　锁定薪酬调薪的核心目的
040 ｜ 第 2 节　盘点薪酬调整的主要依据
044 ｜ 第 3 节　盘点薪酬调整的参考依据
047 ｜ 第 4 节　设置薪酬调整的对应范围
052 ｜ 第 5 节　输出调薪设置的实施细则
057 ｜ 第 6 节　实施调薪的步骤
065 ｜ 第 7 节　薪酬调整补充手段

第三章　低成本高效率的福利制度搭建方法

076	第1节	福利机制建立的核心目的
079	第2节	福利设置的主要依据
082	第3节	福利设置的考量维度
085	第4节	福利设置的常见形式
089	第5节	不同层级的福利设置形式
091	第6节	福利兑现的操作方式
095	第7节	福利设置的出发点
097	第8节	福利设置的操作思路

第四章　零基础搭建员工关怀体系的规划思路

111	第1节	员工关怀规划的整体思路
114	第2节	三位一体确定员工关怀工作方向
116	第3节	五层需求指引员工关怀规划思路
119	第4节	激励因子与保健因子
121	第5节	四大特性解析员工关怀规划技巧
124	第6节	做好需求评估

第五章　激励型员工关怀方案的设计方法

135	第1节	激励型员工关怀方案的步骤
136	第2节	确认需求
144	第3节	评估资源和确定权限
147	第4节	关联机制
149	第5节	确定方案

| 目 录 |

第六章 "稳扎稳打"实施员工关怀方案

- 158 　第 1 节　有效规避项目启动陷阱
- 167 　第 2 节　项目执行步骤
- 179 　第 3 节　耐心跟进项目实施状况
- 181 　第 4 节　项目实施异常分类
- 185 　第 5 节　破解关键不利因素
- 188 　第 6 节　项目推动不顺利的原因及破解方法
- 191 　第 7 节　全面复盘项目实施进度

第七章　员工关怀效果包装宣传的操作技巧

- 198 　第 1 节　员工关怀宣传思路
- 200 　第 2 节　"以终为始",定位宣传效果
- 202 　第 3 节　因势导利,选择宣传对象
- 204 　第 4 节　因地制宜拟定宣传方式
- 207 　第 5 节　集思广益,完善宣传内容
- 211 　第 6 节　群策群力执行宣传效果
- 213 　第 7 节　双管齐下,跟踪宣传效果
- 216 　第 8 节　查漏补缺调整宣传方案

- 220 　附录 1
- 223 　附录 2
- 224 　附录 3
- 225 　后　记　人力资源学徒九级和高手十段

第一章

零基础搭建薪酬体系的操作步骤

第一章 零基础搭建薪酬体系的操作步骤

在HR的工作里，不管是大型企业还是小型企业，或是初创企业，永远少不了这几项：招聘、薪酬，还有劳动关系，可能有些公司的HR的工作不会涉及绩效、培训模块，但是像薪酬模块基本都会涉及。

其实，针对搭建公司薪酬体系的工作，"坑"还是比较多的。

比如，单位员工一部分实行计件工资制，还有一部分实行固定月薪制。后来老板要求所有岗位统一进行考核，并且统一实行计件薪酬制。

调整后，两个月考核下来，一些原来在固定工资制下的员工无法完成目标产量，开机天数也未达到标准天数，总体算下来工资降低了几百元，工人嫌工资太低，态度消极，还有一些人打了辞职报告。老板认为这是人事部办事不利导致的。

笔者曾经辅导的一名学生刚加入新公司不久，老板就要求她在半个月的时间内搭建出符合公司情况、规范、系统、标准、科学的薪酬体系。这位学员当时就懵了，毕竟当时她刚加入这家公司，"人生地不熟"，且薪酬是非常敏感的话题，又不能向公司其他人了解更多的信息。

但工作仍然要做，她只有硬着头皮"上战场"，还向笔者咨询购买关于薪酬福利制度方面的书籍学习。通过学习，她采用了多维度的方式做薪酬调查和评估，设计出了宽幅薪酬、宽带薪酬，但结果仍是不尽如人意，老板不满意、员工不满意、自己也非常委屈，百思不得其解：明明做的薪酬体系采用的都是非常专业的手段，职能职级、分位、各个层级和各区间的设计也非常合理，从公式上推理也没有问题，为什么最后大家却不认可？为什么达不到老板的要求呢？

其实，所有薪酬的工具模型、方式方法，都是透过前人研究和总结的、曾经在某些情况下被证明行之有效的一些做法，最后被归纳起来。所以，在学习薪酬的时候，一定要搞懂它们背后的逻辑。

如何规避在搭建公司薪酬体系时的各种陷阱？如何避免做了很多努力、做了看似很专业的工作，结果老板不认可、员工不满意的情况？

为了破解这些难题，本章将讲述如何在零基础的情况下，搭建薪酬体系。

第1节

薪酬的本质

在企业做薪酬的目的是：保证企业的薪酬在劳动力市场上具有竞争力，吸引优秀人才。

第一，对员工的贡献给予相应的回报，激励、保留员工；

第二，通过薪酬机制，将短、中、长期经济利益结合，促进公司与员工结成利益共同体；

第三，合理控制人工成本，保证企业产品的竞争力。

想要做好薪酬工作，首先需要了解薪酬的本质是什么。

薪酬是整个人力资源里最残酷、最现实的一个模块，但听起来又很阳光、很温暖、很缥缈。

其实，薪酬就是等价交换，通俗一点说，薪酬就是：

员工觉得："我干了多少活，你得给我多少钱，才值这么多活！"

老板觉得："我出了多少钱，你得给我干多少活，才值这么多钱！"

比如，某电商企业，开始时实行基本工资-绩效工资-各种福利补贴-加班费的薪酬制度。但是老板想激发员工工作积极性、提高工作效率，于是要求人事部做薪酬改革，人事部便将原薪酬制度改成了试用期保底工资、转正后计件工资制度。

经过调整后，公司内部员工不愿意转正，工作态度更加消极，效率也没有提升，客诉增加。

这个操作是失败的，根本原因在于老板与员工的心理不在一条线上。

这就是典型的、能体现"薪酬就是等价交换"的案例。

第2节

锁定薪酬管理的核心目的

薪酬是企业支付给劳动者的劳动力成本，属于企业经营性成本的重要组成部分，而员工对薪酬不满意是一种普遍的现象。

很多企业都在实行"救火式"薪酬管理，最后的结果就是人工成本直线上升、员工抱怨越来越多。

这种"应急式"管理折射出的是企业并没有真正对薪酬体系进行深度思考，没有以终为始。

当公司真的确定要搭建或完善薪酬体系时，先要思考以下两个问题：

需要明确，提出搭建薪酬体系的人是谁；

需要明确，提出者发动薪酬体系搭建的目的是什么（如图1-1所示）、为什么要搭建薪酬体系。

只有有目的地搭建、优化与完善薪酬体系，才能满足公司的需要、得到领导的认可以及员工的满意，真正做好这项工作。

正激励	负激励	正负激励	表面文章
·奖励先进 ·激发某种行为 ·留人	·裁员 ·鞭挞后退 ·变相扣钱	·按贡献分配 ·优胜劣汰 ·相对公平	·心理平衡 ·审核合规

图1-1 搭建薪酬体系的目的

一、正激励

（一）奖励先进

激励先进、表彰劳模、树立标杆，体现认真工作者应该获得相应的薪酬，激励、刺激员工，调动员工的积极性。

（二）激发某种行为

通过薪酬的调整与优化激发某种行为，同时为公司引进一些特殊的人才，确立特殊人才的激励机制。

（三）留人

即为了避免在面试人员谈薪时没有任何参考依据，完全是凭感觉定、随意定这种现象的出现，留住相应的人才，得到他们的满意，建立、调整、优化和梳理公司薪酬体系。

二、负激励

（一）裁员

搭建薪酬福利体系，通过调薪、降低薪酬把人"逼"走，目的就是裁员。

（二）鞭挞后退

有些公司的薪酬制度一直奉行平均主义，而老板觉得所有人的工资一样不公平，于是就要通过调整薪酬福利体系，增加绩效工资，对员工进行绩效考核，如果每月工作任务达不成就扣钱。但是这个钱应扣得有理有据，并且不是所有人都会被扣钱。

（三）变相扣钱

老板觉得员工的工资、奖金发多了，于是就想通过调整薪酬结构，拆分出绩效奖金，以未达成工作目标为由，变相扣钱。

三、正负激励

（一）按贡献分配

根据员工实际付出的多少按劳分配，多劳多得，少劳少得，不劳不得，真正体现按贡献分配原则。

（二）优胜劣汰

一份标准的薪酬体系，应该完成正负激励的使命。将业绩好、工作态度好的员工保留下来，把适应能力差的、不符合公司岗位标准的员工通过负激励淘汰出去。

（三）相对公平

通过按劳分配、优胜略汰，实现公司内部薪酬激励的相对公平。

四、表面文章

（一）心理平衡

招聘时因公司没有薪酬体系，没有给候选人的工资划定一个标准范围，定得太随意，经常候选人提多少就给多少。这时，老板觉得"这很不规范，做事情要有规矩"，此时，建立薪酬体系的目的就只是为了满足老板个人的心理平衡，并没有打算通过薪酬进行激励。

（二）审核合规

有些公司准备上市，它们为了体现管理规范，工资总额不变，但会对薪资结构进行调整，以应对上市审核。

第3节

盘点薪酬管理的主要依据

上一节我们列举了四类核心目的,你会发现不管是什么类型的企业,搭建薪酬体系的目的都可以归入以上四类。

摸清楚搭建薪酬体系的根本原因和目的之后,在搭建薪酬体系的时候才能够有的放矢。真正搭建薪酬体系时,还要从以下三个方面来考量(如图1-2所示)。

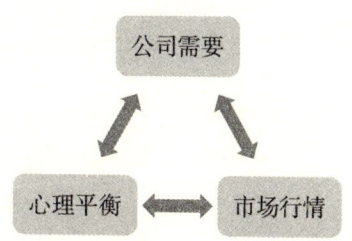

图1-2 搭建薪酬体系时要考虑的三个维度

一、公司需要

从公司当下的发展战略和生存上考量,现在需要什么样的人、要吸引哪些人、激励哪些人、留下哪些人、淘汰哪些人。

二、市场行情

当公司发展到某一个阶段时，可能会存在某些问题，这时就要重新梳理公司的薪酬体系，并结合公司需要，划定竞争岗位的高分位，确定哪些岗位是当前比较急缺的，哪些岗位准备淘汰出去。这时，就要结合市场行情，确定大的薪酬范围。

例如，将某岗位设定为具备有竞争力的薪资，设置在80分位。这时就要调查清楚，此岗位80分位的薪酬基数是多少、70分位、50分位的薪酬基数是多少。市场行情取决于市场劳动力供求的关系，也就是这个岗位在这个区域或全国范围的市场行情如何，要把这些薪酬行情调查清楚。

三、心理平衡

（一）老板与员工之间的心理平衡

当公司准备留人或裁人，准备引进特殊的人，准备激励部分人时，首先需要摸清楚市场行情，然后就要考量"花钱的人"和"领钱的人"的心理平衡。"花钱的人"就是公司老板，"领钱的人"就是公司所有员工。

薪酬的本质是买卖关系和等价交换，即个人出卖自己的时间、智力、体力、精力等给公司，来换取相应的报酬。

如果员工认为自己一个月付出的努力值2万元，而老板觉得只值1万元，这时就会产生冲突和矛盾：老板永远觉得员工工资高，而员工永远觉得自己工资低，这是一种买卖关系的博弈。

在实际操作过程中要把握这种平衡。一方面要让老板心理平衡，觉得出这个钱是值得的，或者要让老板产生"员工做了这么多事情，与自己付出的报酬相比赚了"的感觉；另一方面要从员工的角度出发，让员工觉得付出和获得的报酬是对等的，至少是在心理承受范围内的。

（二）员工个人内心的心理平衡

对于自己的薪酬，员工可能会不断在心里进行各种对比（如图1-3所示）。

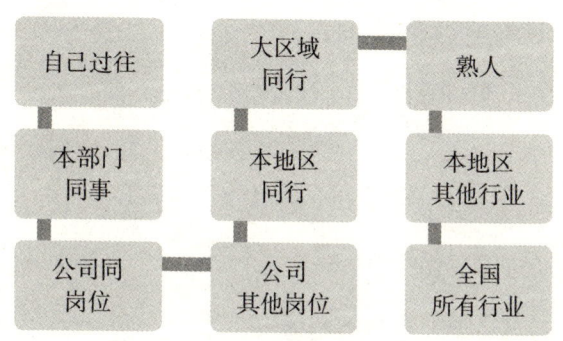

图1-3 员工个人内心的心理平衡

第一，与自己过往的薪酬对比。

如果现在的薪酬比以前低，那员工肯定不能接受，或者说现在的薪酬最差也要跟以前一样，比以前多是最好的。所以，人一般都会跟自己以前比——现在的薪酬不能比以前少。

第二，与本部门同事对比。

当与自己以前的薪酬对比完，觉得心理还算相对平衡时，就会开始将自己的薪酬与同部门的同事比。不管是新入职、调整还是升职的员工，都会与自己本部门的同事进行对比。

第三，与本公司里的同岗位或类似岗位的同事对比。

当与本部门同事薪酬对比完时，又会开始将自己的薪酬与公司同岗位同事进行比较，如果自己的薪酬与同岗位同事的薪酬差不多，才会达到心理平衡。

第四，与本公司其他岗位同事对比。

当与公司同岗位同事对比完后，就会想和公司其他岗位的同事对比。如经理岗位月薪1万元，但是公司内部的工程师月薪2万元，这时，心理不平衡就会逐渐出现。

第五，与本地区同行的同岗位对比。

当员工觉得自己在公司内的整体薪酬还不错、处于中上游，但某天在微信群里沟通，得知同样是人事经理，自己月薪为1万元，其他公司的人事经理月薪为1.5万元时，瞬间就觉得自己的公司太low了，又产生心理不平衡。

第六，与大区域同行里的同岗位对比。

与本地区同行对比之后，又会开始和大区的同行开始对比。假设是在苏州，就会和省内的南京、无锡对比，或者和同属华东区域的杭州、上海对比。

第七，与熟人，即自己的家人同学对比。

当他和上面的这些人都对比完了、心理平衡后，又会开始和自己的亲戚、同学、邻居、朋友对比，因为这些熟人之间关系比较近、来往较多，在逢年过节的时候，这个话题一定逃脱不掉。

第八，与本地区其他行业人对比。

第九，与全国所有行业人对比。

一般来说，上述9个维度的排序越靠前，对心理的影响程度越大。设置薪酬时，应优先考量员工的过往薪酬，再考量同岗位同事，然后才是其他维度。提前了解每个人的心理平衡点，在设置薪酬体系的时候才知道该怎样做。

设定薪酬的时候，要在内部制造出差距，而且要引导员工不要总是把目光放在外面，如果总是拿自己的薪酬与别人相比，那这样的比较永无止境。当公司的薪酬在市面上有竞争力，但员工在公司内部薪酬不高时，就要引导其将目光放在外面。

第 4 节

选择薪酬结构常见形式

薪酬结构是指在同一组织内不同职位或不同技能员工薪酬水平的排列形式，强调薪酬水平等级的多少、不同薪酬水平之间级差的大小以及决定薪酬级差的标准，它反映了企业对不同职务和能力的重要性及其价值的看法。

薪酬结构的不同形式，适用于不同类型的企业，企业应根据自身的实际情况选择不同的薪酬结构，常见的薪酬结构主要包括三种形式（如图1-4所示）。

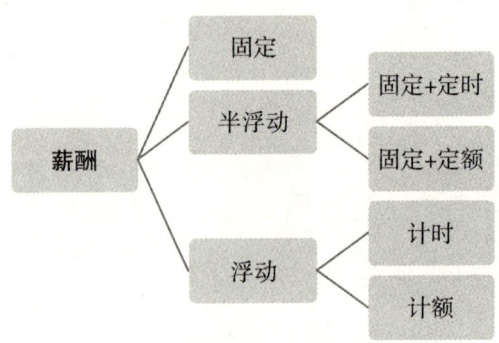

图1-4　常见的薪酬结构

一、固定工资

也就是工资的数额固定，干多干少一个样。许多企业的许多岗位，选择的就是这种形式。

固定工资适合成熟稳定型企业，这类公司的岗位本身比较固定，属于过程输出的岗位，产出的业绩相差不大，工作比较固定，上班时间比较正常，选择固定工资，会给员工一些稳定感和安全感。

二、半浮动工资

（一）固定工资–定时工资

计时工资是按时间，也就是以个人付出的过程、劳动工时来计算报酬。

（二）固定工资–定额工资

计额工资是按照完成结果、完成的额度和产生的业绩、绩效来计算报酬。

发展型企业一般采用"固定工资–定时工资"或者"固定工资–定额工资"的薪酬结构，一般适用于销售和项目人员。

三、浮动工资

（一）定时工资

是指对临时工或计时工，按时间、天数计算报酬。

（二）定额工资

是指按件、按数额来计算报酬。

浮动工资适合临时工或初创型公司。

第5节

薪酬组成部分

薪酬主要由以下几个部分组成（如图1-5所示）。

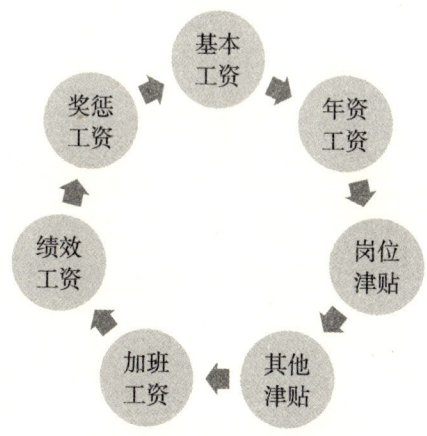

图1-5 薪酬的组成部分

一、基本工资

固定工资里面一定有基本工资，基本工资各地不同，具体金额每家公司也不一样，可以参考当地最低工资标准的相关规定。

二、年资工资

年资工资也应归属于固定工资，是凸显个人在公司工作年限的体现，是为了奖励老员工在公司的付出而存在的。

三、岗位津贴

是对各个岗位能力的一种补贴，也就是对各岗位能力认可的一部分，岗位不一样，贡献不一样，价值不一样，金额也不一样。主要是为了凸显岗位的价值。

四、其他津贴

津贴的性质偏向补助，是公司额外的补助，是公司给予的福利，也可以是公司在特殊情况下、在特殊时期给予员工的额外贴补。包括餐补、房补、交通补、高温补、话费补等。

五、加班工资

就是加班费，主要是对超时工作计算报酬。

有些公司的中高层人员是责任制，经常加班，于是公司为了规避法律风险，就针对不同的岗位、不同的岗位责任，在拆分薪酬结构的时候，把一部分工资作为加班费拆分出来。

例如，某责任制中高层人员，工资是1万元，拆分出2000元作为加班工资，不管其加班与否，这2000元是不变的。

另一种是真的加班费，根据不同的岗位，并根据个人实际加班时长进行核算，而加班费的计算标准各有不同。

六、绩效工资

是指针对岗位月业绩的产出计算的报酬，可以月/季/年计。

七、奖惩工资

就是针对公司特殊的规章制度而设立的一种额外的正负激励。

例如，公司某员工当月立了一件大功，因做了什么动作降低了多少风险，节约了多少成本，减少了多少事故的发生，针对这样的情况，公司给予适当奖励。当月某员工未旷工、迟到、请假，针对该员工的工作行为，给予全勤奖励。

当然，有些公司喜欢叠加，比如会将年终奖拆分出来放在每个月工资里发，这个时候，这部分报酬就不能算绩效，这是对员工工作的一种认可，是提前发放激励奖金的一种方式。

这几项的每一项里面又可以延伸出很多细项，比如其他津贴和奖惩工资里都可以进行进一步延伸。

第6节

输出薪酬设置的实施细则

在了解了薪酬结构和薪酬内容后，现在针对以上几大类薪酬结构分别属于什么类别进行说明。

一、不同岗位性质的薪酬设置

依据不同岗位的性质，可以设置不同种类的薪酬结构（如图1-6所示）。

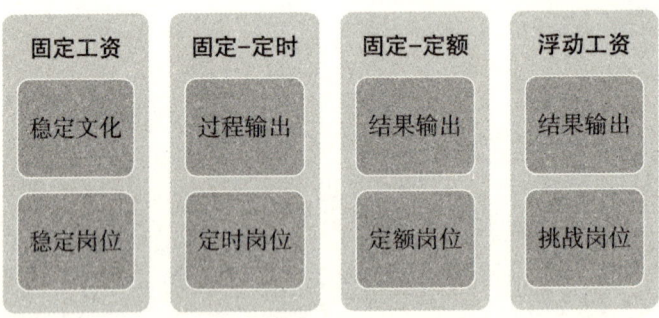

图1-6　不同岗位性质的薪酬设置

（一）稳定文化和稳定岗位：固定工资

公司稳定，人员稳定，公司发展也很稳定，岗位基本没有波动，比较安稳。适合使用固定工资的有：保安、财务、文员等岗位。

（二）定时岗位，过程输出性质：固定–定时

过程输出的岗位，工作业绩难以衡量，只要有这个过程，结果基本相差不大。还有有些定时的岗位，报酬只能按时间计算，例如仓库管理岗位等。

（三）定额岗位，结果输出性质：固定–定额

适用于需要有结果输出的岗位，它们对公司产生多大效益，就计算多少薪酬，例如销售、研发型单位的研发岗位等。

（四）挑战岗位，结果输出性质：浮动工资

没有底薪，适用于纯结果输出的岗位和挑战性岗位，例如合伙人或零底薪的高层岗位等。

二、企业不同发展阶段的薪酬设置

企业在不同发展阶段，也可以设置不同种类的薪酬结构（如图1-7所示）。

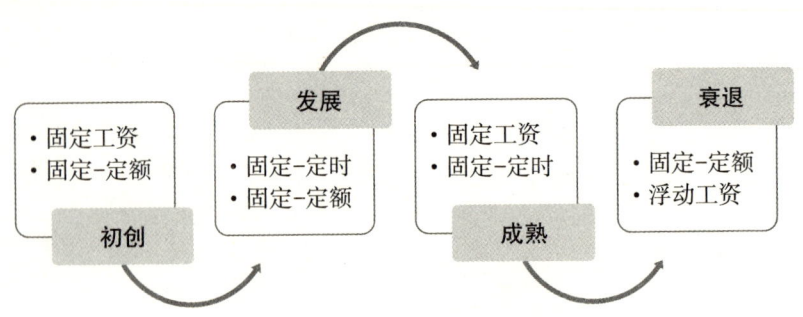

图1-7 企业不同发展阶段的薪酬设置

（一）初创型企业：固定工资、固定-定额

初创期的企业比较适合固定工资或者固定-定额工资制。因为对于初创型的企业来说，首要目的是生存，如果公司连固定工资都发不起，员工会缺乏安全感。

笔者曾经供职于一家三十多人的初创型企业，在与一位技术员做离职访谈时，了解到他离职的原因就是公司给他的感觉是朝不保夕，似乎随时要倒闭，没有一点安全感和归属感，心里不踏实。

所以，这时要做的就是给员工一些保障，给予固定工资让员工心里有安全感，如果公司这个时候只给纯浮动工资，可能有些员工会坚持不住，随时离开。

当初创期的公司在冲业绩或需要特殊激励某些岗位、输出某种结果时，可以通过定额来激励、刺激大家。

（二）发展型企业：固定-定时、固定-定额

发展型的企业一般采用固定-定时或固定-定额工资制。有浮动工资，才能激励大家上进，激发大家的积极性，激励大家跟公司

共同发展。但如果用全浮动工资,大家依旧会没有安全感,会人心惶惶。

(三)成熟型企业:固定工资、固定-定时

成熟型的企业比较稳定,可以将一部分岗位设置成固定工资制,另一部分岗位设置成固定-定时工资制。

比如,成熟型的制造业,人员很稳定,基本上没有流失;基于这种背景,就可以将文员、后勤岗位设置成固定工资制,将一线生产人员全部设置成固定-定时工资制;对于一线人员来说,在生产旺季时能够多劳多得,在生产淡季时对于公司来说,他们的工资也没有增加过多成本。

(四)衰退型企业:固定-定额、浮动工资

此时公司在走下坡路,如果公司要继续生存下去,就要做变革和激活,类似于发展期,但是激励的力度要比发展期大,所以可以采用固定-定额或浮动工资制,比如把公司中高层变成合伙人。

所以,企业在做薪酬设置的时候,首先要评估公司现在所处的发展阶段。

三、不同行业的薪酬设置

按照企业所处的不同行业,可以设置不同的薪酬结构(如图1-8所示)。

第三产业	· 固定-定额 · 浮动工资
第二产业	· 固定-定时 · 固定-定额
第一产业	· 固定工资 · 固定-定时

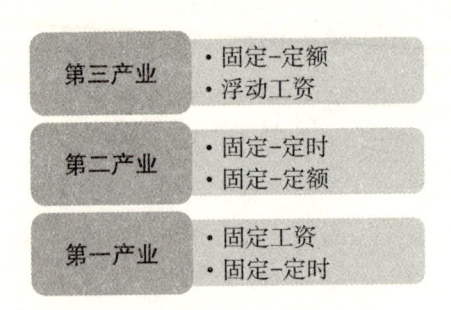

图1-8　不同行业的薪酬设置

（一）第一产业：固定工资、固定-定时

第一产业就是农、林、牧、渔业，它们的生产周期长，而且受天灾的影响比较大，业绩比较难衡量，应适用固定工资或者固定-定时工资制。

（二）第二产业：固定-定时、固定-定额

第二产业主要是指工业、制造业，适用固定-定时工资制或者固定-定额工资制。

（三）第三产业：固定-定额、浮动工资

第三产业包括服务业、商业、娱乐业等，浮动比较大，适用固定-定额工资制或浮动工资制。

以上对行业的分类比较基础，基于行业选择对应的薪酬结构时，应分析公司所属行业是偏稳定，还是属不稳定或是浮动性较大的，并依此设置不同的薪酬形式。

四、不同岗位层级的薪酬设置

按照岗位层级的不同，也可以设置不同的薪酬结构（如图

第一章 零基础搭建薪酬体系的操作步骤

1-9所示)。

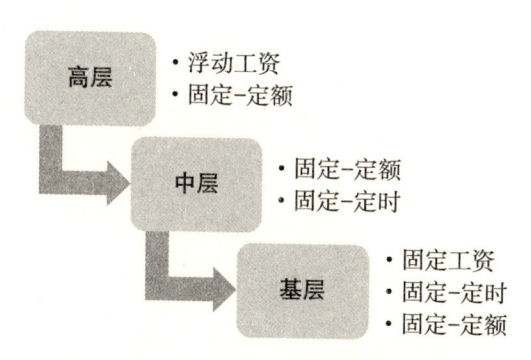

```
高层 · 浮动工资
     · 固定-定额
        中层 · 固定-定额
             · 固定-定时
                基层 · 固定工资
                     · 固定-定时
                     · 固定-定额
```

图1-9 不同岗位层级的薪酬设置

(一)基层岗位

基层岗位一般采用固定工资制、固定-定时工资制、固定-定额工资制。因为基层求稳定,保障和满足基本需求即可,因此在基层岗位中,使用固定工资制的多一些。

(二)中层岗位

中层岗位一般采用固定-定额工资制或者固定-定时工资制。中层除了满足基本的生存保障,还要通过薪酬体现其价值,真正体现多劳多得。

(三)高层岗位

对于高层岗位,笔者不推荐固定工资制,因为高层对整个公司的经营结果负责,主要以业绩为导向,一般适合浮动工资制或是固定-定额工资制。

下面通过一个案例,讲解薪酬结构表怎么做。

案例智库

公司背景：属于物业行业，是2015年成立的分公司，公司位于华南地区某旅游城市，员工人数比较少，只有40多人，基层、中层、高层的比例为7∶2∶1。

确定目的：老板认为公司原先的薪酬结构不规范，因此要求HR重新搭建。

操作步骤：

第一步，确定调整薪酬结构的提出人。案例中的提出人是老板，因此薪酬结构表，一定要让老板认可。

第二步，了解老板要求进行薪酬调整的目的是什么。只有知道老板的目的，才能做出让他认可的薪酬结构。该案例中，老板的目的是规范薪酬结构，HR仅需要将原有的薪酬进行合理拆分，就能让老板满意。

第三步，员工的心理平衡。薪酬结构表不仅要让老板满意，也应该让员工满意，不能损害员工的利益，如果损害到员工利益、打破员工的心理平衡，这次薪酬结构调整一定会阻力重重。

第四步，选择薪酬结构形式。因为是物业行业，比较追求稳定，但是又需要激励员工，因此选择半浮动的形式：固定工资–变动工资制。

第五步，基于薪酬结构形式，确定薪酬组成部分为：基本工资–岗位工资–津贴–绩效工资–超时工资。

首先，在确定岗位工资时，要对公司所有岗位进行职类划分，将同类岗位归类。案例中根据岗位名称和工作内容，分为管理序列、职能管理序列、技术序列、服务序列。

判断岗位是否是同类的方法如下：

第一，将公司所有岗位的全称进行罗列。

第二，将岗位名称后面几个字一样的初步归为一类。

第三，确认归类后的岗位内容在性质上是否类似，或基本一致。如果类似或一致，可以归为一类。

如果一个岗位既偏向A类又偏向B类，则可以逆向倒推出该岗位最核心的技能，再通过最核心技能倒推出最核心的行为。

其次，职务和职级不同，岗位工资也不同。

因此，案例中将不同职类中的职务进行归类，并设计出相对应的职级，例如经理的对应职级为B7。

最后，薪级不同，岗位工资也不同。

薪级代表薪酬的等级，职务和职级所体现出的能力水平高低，分别对应不同的薪资范围。

一般，岗位工资在总工资中占比20%-30%。

津贴的性质偏向补助，案例中的津贴包括交通补贴、通信补贴、住房补贴、司龄补贴、高温补贴、水电补贴等，根据不同的职务职级享受不同的津贴，例如总经理助理的交通补贴为2000元/月，经理级1500元/月，高级主管及以下，就没有交通补贴。

津贴可以根据公司实际情况进行具体设置。

绩效工资是员工业绩的体现，因案例中无销售类岗位，因此绩效工资的比例设置不高，为20%-30%。具体的岗位绩效设置比例，要根据公司实际情况选择。

因案例中部分岗位需要加班，所以根据加班天数和基本工资，设置了相应的超时工资。

总之，薪酬结构表不是越复杂越好、项目越多越好，只要老板满意、员工满意，不因为薪酬严重影响士气或导致离职就可以了，没有完美的薪酬制度，只有相对合理的薪酬制度。

该薪酬结构表适合比较稳定的中小型企业，在单通道模式下，管理者的工资永远比下属的工资高。

如果企业规模超过1000人，则不适用上述薪酬结构表，因为在规模大的公司中，可能出现下属工资比主管高的情况，适用双通道模式。

总之，薪酬结构的选择与确定，要考虑目的、市场行情、老板与员工的心理平衡、员工个人的心理平衡、员工与员工的心理平衡。还要结合企业性质、岗位性质、企业不同的发展阶段、岗位的不同层级，不能盲目照抄照搬优秀企业的做法。

第一章 零基础搭建薪酬体系的操作步骤

表1-1 公司薪酬结构

序号	职类	职务名称	职级	薪级	基本工资（元）	岗位工资（元）	绩效工资（元）	津贴（元）交通	津贴（元）通信	津贴（元）房补	津贴（元）司龄补贴	津贴（元）高温补贴	津贴（元）水电补贴	津贴（元）其他	超时工资	合计
1	管理序列	总经理助理	A1	27级	13000	3000	4000	2000	400	3000						25400
2		经理	B7	26级	6000	2800	2500	1500	350	2000						15150
3				25级	6000	2500	2500	1500	350	2000						14850
4		副经理	B6	24级	4800	2000	1500	1200	300	1800						11600
5	职能管理序列（行政/人事/财务/管理岗）			23级	4800	1500	1500	1200	300	1800						11100
6		资深主管	B5	22级	4300	1500	1200	800	300							8100
7				21级	4300	1000	1200	800	300							7600
8		高级主管	B4	20级	3500	1000	1000	200								5700
9				19级	3500	800	1000	200								5500
10		资深领班	B3	18级	2500	800	800	100							388	4588
11				17级	2500	800	800	100							388	4588
12		高级领班	B2	16级	2000	800	700	100							310	3910
13				15级	2000	600	700	100							310	3710
14		操作层领班	B1	14级	2000	300	611	100							489	3500
15				13级	2000	100	611	100							489	3300

031

续表

序号	职类	职务名称	职级	薪级	基本工资（元）	岗位工资（元）	绩效工资（元）	津贴（元）							超时工资	合计
								交通	通信	房补	司龄	高温补贴	水电补贴	其他		
16	技术序列（工程部/泳池管理部）	高级技工	C3	12级	1670	1500	1330									4500
17				11级	1670	1200	1330									4200
18		中级技工	C2	10级	1670	1000	1230									3900
19				9级	1670	800	1230									3700
20		普工	C1	8级	1670	600	1030									3300
21				7级	1670	400	1030									3100
22	服务序列（秩序部/环境部/客服部）	司机	D4	6级	1670	1800	1800		100							5370
23				5级	1670	1600	1400		100							4770
24		别墅管家	D3	4级	2000	800	800		100						310	4010
25		秩序维护员		3级	2000	600	800		100						310	3810
26		秩序维护员	D2	2级	1670		343								1987	4000
27		保洁员和绿化工	D1	1级	1670		641								489	2800

032

第一章 零基础搭建薪酬体系的操作步骤

本章没有讲薪酬模型、薪酬工具，而讲述了薪酬的原理及核心，搭建薪酬体系需要注意以下几点。

1. 明确搭建薪酬体系的核心目的，以终为始。

2. 明确目的之后，从公司需要、市场行情、心理平衡三个方面出发设定薪酬。

3. 了解薪酬结构分为固定、半浮动、浮动三大类型。

4. 基于不同的岗位性质、公司的发展阶段、公司行业、岗位的层级等设计适合公司的薪酬结构。

第二章

实用型调薪制度确定的操作方法

当我们根据公司实际情况设置好整个的薪酬体系之后，在薪酬里面还有个很关键的项目——调薪。

比如，公司的晋升调薪、特殊调薪，等等。那么，依据是什么？要怎么样去调整？可以回忆下，实际工作中是否遇到过类似的情景。

"刚入职一家公司不久，员工普遍积极性不高，经过判断，根源在公司薪酬体系缺乏激励机制，于是我想通过调薪调动大家的积极性，提高工作效率。但在向老板汇报调薪方案时，却被老板批了一顿，心里好委屈：我到底是哪儿做错了？"

"我供职于一家大型的制造企业，里面有很多'皇亲国戚'，一个宿舍的科长月薪过万，而现场单位的业务部门主管和经理月薪才8千左右，更可气的是过年时那位宿舍科长又调增了1000元，业务部门、制造部门的主管、经理反而没有怎么调，你说公平吗？你说符合逻辑吗？作为HR我该如何破局？"

"我给大家调薪了，大家应该很开心才对呀，为何个个都来找我抱怨呢？我哪儿做错了吗？"

"公司很久没有普调薪资了，有一年老板说今年每个部门都可以有2000元奖金池，有个部门一个员工薪资有8000元，另一名员工薪资是最低的，只有4500元，但平时的工作表现以及工作量都差不多，只因年资不同导致调薪机会不同，最终的工资差距很大。"

"最后这2000元奖金平分了，四个人每个人加薪500元，看似公平，于是那工资最低的员工有情绪了，工作表现都差不多，凭什么你们的工资比我高出那么多？好不容易等到的加薪机会还是大家平分？你说这公平吗？"

可以看出，调薪调得好就是好事，调不好就是一个大陷阱。而且，一不小心就会碰到雷区。因此，公司在调薪的时候应非常谨慎，不但要纵向对比、横向对比，还要全维度地对比。

本章将讲解调薪机制的设置，并结合案例给大家提供实操中的一些建议，指导大家规避这些风险，做好真正的调薪。

第1节

锁定薪酬调薪的核心目的

我们很多HR一上来就喜欢调薪,觉得公司的薪酬制度有问题,觉得公司的薪酬缺乏激励措施,缺乏对员工积极性的调动,总觉得要通过薪酬去刺痛大家,让大家"鸡血"满满地去干活。

笔者在这里奉劝大家,先不要想通过薪酬快速达到这么理想的目的,因为在通常情况下,绝大部分HR是没有这种决定权的,也就是你的老板一般情况下不会理解你的初衷,也不能支持你。

当公司老板或公司高层决定调薪时,不外乎三大目的:正激励、负激励、正负激励,具体内容本章不再赘述。总之,一定要以终为始,识别公司要求调薪的核心目的是什么,根据公司实际情况去操作。

第2节

盘点薪酬调整的主要依据

薪酬调整目的明确之后，要进行薪酬调整操作，主要从以下三个方面来分析（如图2-1所示）。

图2-1 调薪的主要依据

一、公司实际

如果是为了留人，就要结合公司的实际情况来操作。

笔者在辅导一名学员时，听到她说："公司今年准备做调薪，但是预算比较低，因为公司整体业绩不是很好，以往每年都调薪，这次如果不调就会引起人员的动荡，该怎么处理？"

此时就要搞清楚，公司应该给哪部分人调薪，如果调，调多少，幅度是多少。

对此笔者给了一个建议："看你公司的需要，哪些岗位是当前必须要保留的，并且这些岗位在市面上不太好招聘。"

这里出现了一个概念：关键岗位。

什么是关键岗位？主要从以下衡量指标来说明：

第一，这个岗位对公司的业绩贡献非常关键。

第二，平时看岗位贡献度不高，一旦岗位不在或撤销了，对公司的损失和影响较大。比如，有些公司的检验岗位，有的时候觉得这些人也没有做什么事，但如果这个岗位撤销了，相应的客诉就都来了。

第三，这个岗位在市面上不太容易招到人。

第四，这个岗位的人员在短期内很难培训出来。

有些公司的财务经理岗位就比较难招聘：有些财务经理不仅仅要做财务经理的事情，还要做其他事情，并且知道老板的一些特殊事情。要培养这样的财务经理是很难的，因为他要跟老板有非常好的默契。财务经理在的时候，感觉每个月他好像没有什么贡献，不就是算算账吗？但如果有一天财务经理离职走了，公司的税收就会增加很多，公司的成本高了很多，公司的坏账也多了很多。

他在的时候你感觉不到，他离职了你突然感觉这个岗位非常重要，而且这个岗位的人既难培养，又难招聘，这种岗位对企业来讲就是关键岗位。

关键岗位不是固定的，不同公司的关键岗位不同，公司在不同阶段的关键岗位也不同。

当资源有限的时候，要结合公司的实际情况，梳理出公司的关键岗位，优先满足公司对关键岗位的需求。

业绩不错的人也许对自己的薪资还算满意，没有太大的要求，如果调薪，加少了没有什么感觉，不加薪也能够接受。

而有另外一些人，业绩比不错的人差那么一点点，业绩中等，但这些人也是不可或缺的，而且对调薪的需求很强烈，这时如果给他们没有调多少薪，没有达到这些人的心理平衡点，如果他们受不了离职了，之后你的招聘工作压力也会很大，公司也会受影响。

所以调薪要从公司的实际需要出发，确定哪些人需要调整。当资源有限的时候，就要对调薪需求非常强烈且岗位不可或缺的人做调薪。

二、市场行情

市场行情涉及具体的调薪幅度。当员工将薪酬与外部进行对比时，可以将市场行情作为调整的依据。准备做薪酬调整的时候，要注意调薪不要高于市场行情或应与市场行情一致。

有些员工会将自己的薪酬与外部市场对比，这时就可以将市场行情作为调整薪酬的依据：如果市面上某个岗位的薪酬是12000元，当前该员工的薪酬是10000元，那么此次调薪的上浮最高不要超过2000元。当然，如果该员工的态度非常坚决，公司又想挽留，在实际操作中也可以调高一点。

三、心理平衡

市场行情摸清楚后，就要考虑心理平衡。

曾有HR问道：在工作中，老板觉得某员工最近的工作量减少了，所以之前的8000元给高了，现在想要降薪，但是员工会觉得现在的8000元匹配目前的工作量是刚好的，老板却觉得现在的工作量只值5000元，所以面对这种情况，HR要为裁员做什么准备呢？

这时其实只需要调和员工和老板之间的心理平衡，而不一定要裁员，寻求两者之间的心理平衡：员工既能留下工作，老板也能开心地继续用他。

以上就是薪酬调整的依据，而在调薪设置时还要考虑另外几个要素，并从这几个方面出发调整。

第3节

盘点薪酬调整的参考依据

盘点薪酬时主要以下四个方面为参考（如图2-2所示）。

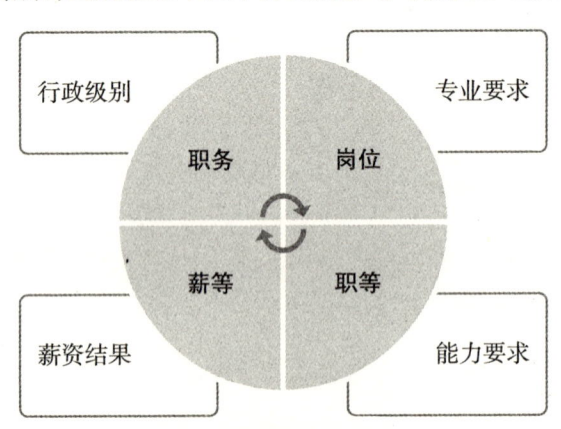

图2-2 薪酬调整的参考依据

一、职务：行政级别

是指规定个人应该担任的工作或为实现某一目的而从事的、明确的工作行为，随组织结构而定，主要是指个人管辖的权力范围。

二、岗位：专业要求

岗位是随事而定的，也就是我们常说的因事设岗，岗位承载着较高的专业要求。

三、职等：能力要求

是针对岗位的等级划分，是对对应的人的能力要求，一般建立在双通道的基础上。

职级是同一序列岗位薪资在级别上的区分。例如，销售代表岗位，可分为普通销售代表、中级销售代表、高级销售代表三个职级。

案例智库

单通道：单通道一般适用于小型企业，默认所有岗位的主管就是本岗位中专业能力最强的，如果想升职加薪，就必须做管理者。

双通道：双通道一般适用于大型企业。

笔者曾经供职的公司有两位招聘人员，他们做的是比较专业的事情，能力非常强，虽然他们的行政级别只是专员，但他们事实上是具备经理能力的专员。

在制度比较健全的企业，可以依专业不同设置不同的薪酬结构，各自独立，再在各自的专业序列中设置不同的等级，体现员工在该专业领域内的水平差异。

四、薪等：薪资结果

同样的职级，如财务和销售都是三等，他们的薪等在全公司是统一的，但薪酬可能是不一样的。

职务代表的是行政管理权限，而岗位代表的是专业范畴；职等职级表示某个岗位的能力要求和能力水平的高低，而薪等体现能力水平的高低。

第4节

设置薪酬调整的对应范围

一、薪酬模式

常见的薪酬模式有以下四种（如图2-3所示）。

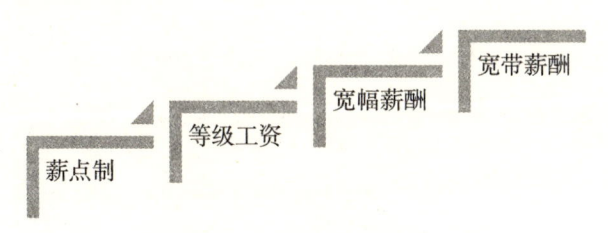

图2-3 常见的薪酬模式

（一）薪点制

一般适用于小微企业，因为它并不复杂，直接设置好一套薪资范围即可。例如，财务经理的薪酬、销售专员的薪酬、仓库主管的薪酬。

（二）等级工资

一般适用于中小型企业，它比薪点制复杂一些，这里引进了一个概念：同岗同酬。但等级工资仍是单通道模式，在本专业里，管理者的工资永远比下属高，如果想加薪，只有升职一条路。

（三）宽幅薪酬

一般适用于规模在一千人至两千人的大型企业。宽幅薪酬是介于宽带薪酬和等级工资之间的一种薪酬模式，在这种薪酬模式下，可能会出现下属比主管工资高的情况。

（四）宽带薪酬

它比宽幅薪酬模式更复杂一些，宽带薪酬不但可纵向拓展，还可横向拓展，在这种薪酬模式下，可能出现一个三级专员的工资比某个序列二级主管的工资高的情况。

宽带薪酬比较完善、比较复杂，一般中小型企业没有必要做。

了解以上几种薪酬模式后，在真正调薪的时候，还需要考虑以下几个要素。

二、划定调薪幅度时要考虑的要素

一般而言，划定薪酬幅度时要考虑以下四种要素（如图2-4所示）。

让个人相对满意	在公司承受范围内
让同事无话可说	让上级心理平衡

图2-4　划定调薪幅度时要考虑的要素

（一）让个人相对满意

在真正调薪时，要先考虑调薪范围：是要对某个人群调薪，还是对全员调薪，在调薪机制里要使目标人群相对满意。

有一年，笔者所在公司对基层干部统一调薪，调整幅度是每人200元，结果发现调后员工好像不痛不痒，没什么感觉——这是因为调薪幅度太小，没有任何意义。

还有一次，公司为留下年资在一年以上的员工对年资在一年至三年的员工进行调薪，调薪幅度比较大，超过三年的年资奖幅度逐步变低，当年资达到一定年数后封顶。

作为一个作业员，按照这种调法，六年以后的固定工资就会比别人多450元，再加上年终奖，平均工资将达到3000元至4000元，诱惑力还是很大的。

（二）在公司承受范围内

没有必要"上不封顶"，即使人均只有100元/年，也会在无形中增加薪酬成本，虽然看起来钱不是很多，但如果公司人数较多，也是一笔不小的开销。所以，只要达到员工相对满意的程度，而且在公司承受范围之内即可。

虽然这只是一个年资工资的调整，但是里面包含了很多细微的操作要素：不仅要留下公司想留下的人，又要使个人相对满意，这笔钱要在公司承受范围之内，还不能超过财务的薪酬预算和成本预算。

（三）让上级心理平衡

在做调薪时要考虑上级的心理感受，尽量不要出现调薪后下属工资比上级高的情况。

笔者以前供职的一家公司曾在调薪后出现薪酬倒挂的现象。一般而言，如果部门里偶尔有一两个普通员工比干部工资高，干部还能够接受，但如果部门里有30%到40%的人都比干部工资高，那干部心里肯定会不平衡："普通员工都比我工资高，我还做什么干部，我也去做普通员工得了。"于是就不得不调整干部的工资，人力成本水涨船高。

所以在调薪时，一定要结合公司的实际情况。如果还没有形成"管理者就是管理者，专业者就是专业者"的良好企业文化，一般管理者的工资还是要比下属高，这样上级的心理才平衡、才开心、才满足。

如果公司情况特殊，偶尔可以有个别员工的工资比上级高一些或者相当，但比例一定要控制好，不要超过20%，因为一旦超过20%的比例，二八原则就破掉了，这时上级领导的心理会不平衡。

（四）让同事无话可说

如果只调了某个群体的薪，就要让其他同事无话可说。

例如，对一线员工的调整就可以根据年资调，因为根据年资来调，别人没法"挑刺"，如果按绩效调整，有员工会反驳：凭什么调他不调我，你说他干活好，但我干活也不差呀。所以如果企业想保留一些优秀的一线老员工，就要用年资说话。

但这个方法对办公室人员就不适用，如果企业想靠论资排辈激励这些上进的人员，那大家都不干活了；反正谁待的时间长，谁就工资高，办公室人员肯定不会"买账"。

而在有些公司，员工待的年资较长，反而工资较低，这样也不好：为什么有些企业跳槽率非常高？就是老员工的工资老是涨不上去，新招进来的员工工资还比老员工高。是不是招进来的人就一定比老员工优秀、就一定比老员工贡献大很多呢？其实并不一定，新人如果打破了老员工的薪酬体系，就要对老员工的薪酬进行调整。当然，这并不是说老员工的薪资一定要比新人高，大家只是想获得心理平衡。

第 5 节

输出调薪设置的实施细则

笔者经常会接到 HR 的提问：公司的调薪机制要怎么做才能让老板满意、才能稳定员工？调薪机制包含哪些标准、哪些内容？

对于这些问题，公司情况不一，做法也不同。

因此，笔者总结了具体实施时的考虑维度（如图 2-5 所示）。

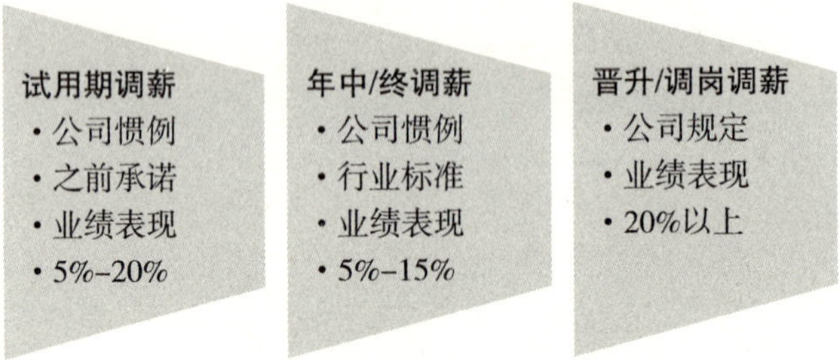

试用期调薪	年中/终调薪	晋升/调岗调薪
・公司惯例	・公司惯例	・公司规定
・之前承诺	・行业标准	・业绩表现
・业绩表现	・业绩表现	・20%以上
・5%-20%	・5%-15%	

图 2-5　实施调薪时的考虑维度

一、试用期调薪

试用期调薪要参考公司惯例、之前承诺、业绩表现，调薪范围为 5%-20%。

（一）公司惯例

是指公司过往的惯例，一般有统一标准。

比如，公司过往试用期转正的薪酬调增幅度都是15%，好的调15%，不好的就不调，那么HR最好不要轻易去打破，因为惯例代表公司的一种文化，HR如果轻易去打破，就会打破平衡。还是那句话，"不求有功，但求无过"。

（二）之前承诺

是指在面试时老板、领导所提的薪酬。

如果面试时谈的是试用期6000元、转正后8000元，试用期为三个月，那么如果试用期没有什么大的问题，转正后就必须兑现8000元的承诺，如果不兑现就一定会出问题。当然，如果不能兑现，要有充分的证据，证明对方不值得拿8000元。

（三）业绩表现

即根据对方的业绩表现调薪。

笔者以前在制造行业时，试用期转正后的调薪幅度差异非常大，有些人可能一分都不会调，有些人可能会调50%，但大部分人会调15%左右，完全根据员工在公司的业绩表现来调，当然，特殊情况也要特殊处理。

如果公司试用期人员较多，公司想通过薪酬的调整刺激和激励试用期的人员，调薪的幅度就可以加大一些，只要在公司实际承受范围内就可以，并且不要引起其他同事的不满。

（四）5%-20%

这是根据行业惯例进行的统计。

一般情况下，试用期转正的调薪幅度在5%-20%之间是比较合理的，如果调薪幅度低于5%，就不能达到激励员工的作用。

二、年中/终调薪

年中/终调薪要参考公司惯例、行业标准、业绩表现等，调薪范围在5%-15%之间。

（一）公司惯例

是指公司过往的惯例，一般有统一标准。

（二）行业标准

有些公司每年都会调薪，正规的公司会做薪酬调查、调研报告。2015年，在江苏和上海区域出现了调薪潮和到处"抢人"的势态，整个高精加工技术人才的工资一下子上涨了30%，因为当年市场的高精加工技术人才有限，导致了行情变化，部分人员的工资从6000元涨到了8000元、9000元，甚至10000元。这就是说，随着市场的波动和行业的变化，调薪标准是不一样的。

（三）业绩表现

对业绩好的员工进行调薪，通过调薪刺激和激励业绩不太好的员工。

（四）5%–15%

对于年中/终调薪，调薪幅度一般在5%–15%之间。

低于5%的调薪起不到什么作用，但如果超过15%，公司的成本风险又会增高：年年都要调薪，如果今年调薪超过15%，那明年该如何调呢？所以要控制一下。

三、晋升/调岗调薪

晋升/调岗调薪要参考公司规定、业绩表现，调薪范围应在20%以上。

（一）公司规定

如果公司的薪酬体系比较完善，按照相应的薪酬表和公司规定来调整就可以。

（二）业绩表现

针对特殊情况、特殊人群调薪。

假设有一名销售主管业绩非常突出，公司想进行特殊奖励，可能会将他的薪资调得比总监还高。

公司还可能为了留人调薪，即通过晋升把人才留下来，承诺薪资，进行特殊处理。

（三）20%以上

调整的幅度一定要大于年中/年终正常的调薪幅度。

假如，这个人升职为管理者了，还按5%或10%来调薪，被调薪的人心里就会不舒服。所以一般情况下，晋升调薪的幅度都要达到20%以上，如果太低了，被晋升的员工会没有激情，感觉升职与没升职区别不大。

第6节

实施调薪的步骤

可能会有很多HR在接到调薪任务后会直接按照调薪细则处理，但往往会遇到"明明是按照细则要求完成的，结果员工和部门负责人都觉得是HR在为调薪的流程和幅度设置障碍，老板也觉得这件事HR没办好，没有通过调薪达到稳定人员或者激励目的"的情况。

因此在学习了上一节不同情形下的薪酬调整实施细则后，还需要了解在真正调薪时的步骤（如图2-6所示）。

○─ 调薪时沟通——合理安抚，规避误解

○─ 调薪后盘点——结果判定，及时纠错

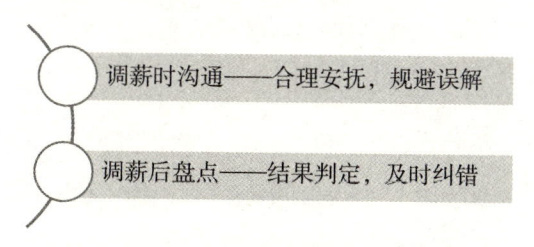

图2-6 实施调薪的步骤

一、调薪前摸底——选择不平衡点、切入点

调薪前要充分摸底，选择"不平衡"的点来切入。

如果公司年底资源不多，只能拿出一小部分钱来调薪，不能像以往一样全员普调，就要优先选择调薪需求特别强烈，且公司很想保留的那些员工，作为切入点。这个时候就要摸底，了解公司哪些人对调薪的需求最强、哪些人对薪酬很不满意、哪些人相对满意，要优先满足那些心理很不平衡的人，尤其当这些人还是公司想保留的人的时候。

二、调薪时沟通——合理安抚，规避误解

在公司效益不太好的情况下，就调薪幅度问题应事先做好思想沟通。如果调薪达不到对方的预期，就要提前做好准备、收集好材料，要向对方说明为什么加不了这么多，哪些是主观因素、哪些是客观因素，要跟员工沟通好，至少要让员工清楚调整的合理性。

通常，员工知道其他员工调薪后，会对"自己为什么没有调薪或者调得没有其他同事多""这位同事是不是与公司领导关系好或者公司不公平"产生想法。所以一定要讲清楚，哪些人为什么调了、哪些人为什么没有调，要通过举例、摆数据的方式向他展示哪些人之前做了哪些事情、作出了什么贡献或者按照公司的哪一项规定，被调薪的员工符合这些条件等。总之，要把这些误解化解掉。

三、调薪后盘点——结果判定，及时纠错

前文举过一个调薪调出薪酬倒挂现象的案例，那个调薪方案使基层干部的反应非常强烈。为了解决这个问题，公司进行了摸底调研，之后对基层干部进行了调整。

调完薪之后，私下还要做调查，验证调薪是否真的达到了他们的预期，同时能够让他们定下心来、心理平衡。假如没有做到这一点，就还要及时调整，看哪里调少了，以及他们的心理诉求是多少，并对发放的方式进行一些调整，增加一些薪酬的补充。

案例智库

公司背景：某高科技自动化制造业工厂，员工数量不多，但对员工有一定的技能要求。公司存在诸多问题，其中很致命的两条是：第一，员工流失率居高不下；第二，员工人均劳动效率极低。

经过分析得出主要原因为以下三点：第一，现有薪酬结构采用加班费制度，干好干坏相差不大，导致员工都选择增加工作时长，赚取加班费，而不是提升效率；第二，产品本身分为标准件和非标件，生产模式不同，薪酬制度无法统一；第三，现有人员能力不足且积极性欠缺，导致了有些工作员工不会干，也不想干。

最终，员工工作效率极其低下，到手的工资也不高，而由于加班过多，日常工作很累，薪资又不具备竞争力，人员的流失很快，招聘也不是很顺利，形成了"招好人难—招来的人能力差—招来的人效率低—工资低—流失率高—招好人更难"的恶性

循环。

针对上述问题和主要原因，我们提出了改善方向：优化薪酬绩效制度。

操作步骤：

首先，通过多方盘点了解清楚公司目前的不利情况。

其次，和部门的人员私下沟通，了解他们的抱怨和痛点，发现不管是员工也好，主管也罢，对这种情况都或多或少有所不满，觉得缺乏激励。

最后，通过引导性的交流和部门主管达成了两点共识，并先在其中一个车间进行调整。

本次优化的目的主要是提高员工的积极性和人均劳动效率，主要表现为：

不让工作态度良好的老员工吃亏。

不让工作态度好、业绩好的员工吃亏。

不让有特殊贡献的员工吃亏（如核心技术人员、管理人员）。

不让具有团队合作精神的员工吃亏（如在做好本职工作的同时还主动帮助他人的员工）。

真正实现为公司创造价值、增加收入，与公司实现共赢。

基于此，方案对该车间的薪酬制度进行了如下调整：

员工工资＝底薪－岗位津贴－绩效奖－全勤奖－职等奖

底薪：所有员工底薪全部按照该市当年统一工资标准发放。

岗位津贴：普通岗位无岗位津贴；特殊岗位津贴根据《特殊岗
　　　　　位津贴一览表》发放。

绩效奖：绩效奖＝个人绩效×（绩效考核分/100）

个人绩效＝（工时绩效×当月入库数）/总人数

全勤奖：

所有人员的全勤奖基数为100元/月，当月每迟到一次扣25元，扣完为止；每请假一次扣50元，扣完为止；累计请事假三天以上（含三天），全勤奖扣完。每旷工一次当月全勤奖扣完。

职等奖：

职等共分八级；一级为150元，以后每增加一级，奖金增加150元；新进员工为一级，转正后升为二级；正式员工每年评级一次，依据本年度表现评定是否晋升职等级别，半年内刚升级的员工不参与年终评级。

职等晋升标准：

新进员工为一级，转正后升为二级。正式员工每年年终评级一次，该年度每月绩效考评分平均在120分以上（含120分）则升级，半年内刚升级的员工不参与年终评级。

有以下情况之一者该年度不予升级：月度考评分平均在120分以下者；月度考评分中有低于80分者；造成重大品质事故且给公司带来较大损失者；年度内请假累计超过三个月者。

福利制度：

为了提高凝聚力、加强文化建设，方案还完善了福利制度和活动制度，如增加定期聚餐、举办各类活动、申办内刊宣传、改善考勤打卡制度等。

做完薪酬绩效千万不要忘了模拟反算：工时绩效是基于公司过

往和最近两年内的销售目标设定的。

即通过公司的年度销售目标倒推每个月的产能，得出每个月所有员工的总工时，再计算出员工最多能够拿到多少奖金。

而在设计的时候，要根据销售目标的上下限和正常值，分别测算员工在淡旺季和正常情况下实际能拿到手里的薪酬。

下表为某车间模拟薪资核算表。

表2-1　某车间模拟薪资核算（部分）

姓名	职称	职等	底薪（元）	岗位津贴（元）	工时绩效（元）	绩效考核分	全勤奖（元）	级别奖（元）	薪资（元）	备注
		4	1140	1300	1470	100	100	400	4510	以当月入库××台××设备为例，假定考核为100分进行核算
		4	1140	1300	1470	100	100	400	4510	
		2	1140	850	1470	100	100	200	3860	
		2	1140	950	1470	100	100	200	3960	
		1	1140	850	1470	100	100	100	3760	
		1	1140	850	1470	100	100	100	3760	
		2	1140	660	1470	100	100	200	3670	
		2	1140	660	1470	100	100	200	3670	
		1	1140	850	1470	100	100	100	3760	
		1	1140	850	1470	100	100	100	3760	
		1	1140	660	1470	100	100	100	3570	
		1	1140	460	1470	100	100	100	3370	
		1	1140	460	1470	100	100	100	3370	
		1	1140	460	1470	100	100	100	3370	
		1	1140	460	1470	100	100	100	3370	

薪酬制度并不是越复杂越好用，合适的才是最好的。好的薪酬绩效制度应基本能实现员工的自我管理、互相监督和互相激励。

第7节

薪酬调整补充手段

通常在做年度调薪时,都有一个隐藏目的:留人。

但有时即使调了薪,人也还是留不住,这是什么原因呢?

笔者某学员的公司在年度调薪的时候,突然因为调薪离职了很多人。通过对离职人员的离职原因进行调查,发现他们的离职原因是认为调薪调少了,员工感觉公司没有发展前景了。相信对于这种现象,HR并不陌生。

这里就需要我们记住,薪酬不是唯一的需求,要擅于挖掘员工的其他需求。

若公司的实际情况不允许调薪幅度过高,也没有那么多资源、金钱和筹码去跟员工谈判,那么就可以用一些辅助手段(如图2-7所示)。

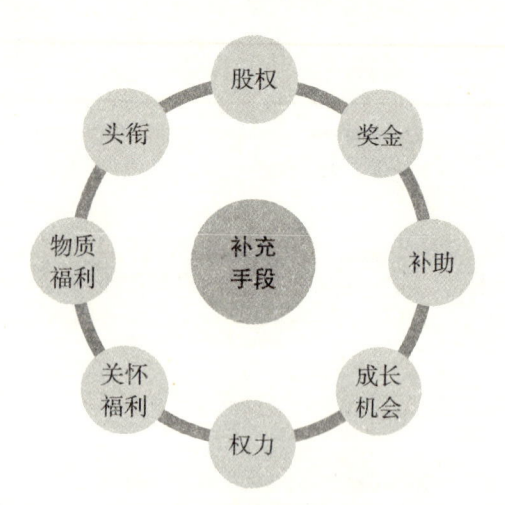

图2-7 薪酬调整的补充手段

一、股权

股权是一种长期激励，对于眼光比较长远的员工，公司愿意让他们跟随公司一起发展，把公司的利益与他们的利益绑定，给出一些股权激励。

二、奖金

如果固定薪酬不高，可以发放一些额外的奖金，如特殊的绩效奖、全勤奖等，此外，在公司薪酬体系之外，还可以额外增加一些奖金。

三、补助

是指各种各样的补贴，如传统行业里的高温补助及其他的津贴。

四、成长机会

有些间接岗位，如工程师、主管、经理等，他们比较注重成长的机会，个人的诉求是成长，如果公司的薪酬资源有限，就可以少调一些薪资，但要给予他们更多的发展空间和平台。

五、权力

有些人对权力的欲望比较强，如果其级别已经很高，以其能力再往上升也没有位置了，这时就可以下放一些权力给他。

六、关怀福利

也就是针对员工的个人需求，给予一些帮助和关怀。比如，员工家里有什么事情，可以给予一些帮助和慰问，这也是温暖人心的福利，虽然花钱不多，但是需要用一些心思。

七、物质福利

是指给予一些非金钱上的福利，比如把公司回收的产品以半价卖给员工作为福利。

八、头衔

这种补偿在小公司较常见，如果公司调薪无果，又想保留员工，而员工比较好面子，那么假如他原来是经理，现在就可以给他升一个高级经理或者总监，让他觉得有面子、有尊严。

案例智库

公司背景：项目型小公司，十人左右，公司团队除了主要的销售人员以外，还有销售助理、售后和职能人员。销售人员负责开拓市场业务和签单；销售助理负责项目的辅助工作，包括标书制作、项目文件归档等；售后员工负责项目完工后的客户反馈与协调处理；职能部门人员负责人事、财务和其他支持工作。

为了激励大家，每个项目的所有人员均有提成，怎么分配由总经理直接决定。总经理希望由人力出台奖金分配的规则制度，做到公平、有理有据。

HR想做一个岗位价值评估来计算分配权重，但是由于每个项目都不同，同一个岗位在每个项目上的工作量都有差别。比如，在A项目里，客户比较难以攻克、B项目的招标流程烦琐、C项目的售后麻烦，等等。面对这种情况，应如何处理奖金的分配？

这个案例有许多"坑"，为何这么说？先来设想几个场景。

场景一：如果销售人员拿的多，其他文职人员会怎么想？"既然都是销售的功劳，我们文职人员永远都是跑跑腿，那好啊，以后都让销售自己去搞定吧！"

场景二：文职人员拿多了，销售人员会怎么想？"我们在外面累死累活，结果这帮打杂的却和我们拿的差不多，凭什么？"

场景三：平均分配，互相鄙视，"凭什么，我干的活比他多，他才干多少活？他干的活有什么难度？他干的活付出了多少……凭什么我和他拿的差不多？"

总之，你会发现，无论怎么分配，都会有人不满意，而且还都有理由。

项目奖金的拆分，实际上就是一个项目内部成员心理平衡的过程：人的欲望都是无止境的；几乎没有人觉得自己做得差；几乎没有人觉得自己应该少拿。

这三点，就构成了矛盾。

几乎每个人都想多拿，但又都不想承认。

那么，该如何解决这个问题？

先举个失败的例子。

2011年，笔者曾经供职的一家公司业绩很不错，达到了历史高峰，老板财大气粗，"一言不合"就想发奖金。当时有一个项目成功了，又要发奖金，被奖励的人员包括研发部门的机械和电器单位，以及生产部门的几个单位。

从项目本身的成功来讲，确实是以研发为主的，多奖励研发部门无可厚非。但是当时的奖金是这样分配的：老板拿出20万元现金作为奖金，给了研发部门19.5万元，给了生产部门5000元，结果可想而知。

研发部门认为，生产部门只是履行了基本职责而已，甚至连基本的打样都是研发人员自己做的，凭什么给他们5000元？

生产部门更火大，辛辛苦苦配合打样，结果奖金就给了5000元，什么意思？但生产部门的负责人也不敢直接给老板发信息，就发信息给HR部门："告诉研发部门，以后所有的打样不要找生产配合，让他们自己搞定吧！"这还没完，后面又赤裸裸地说："如果想继续配合也行，再拿5000元奖金来。"

没办法，HR部门只能私下向老板的助理求助，最后，老板的助理硬生生从研发部门的奖金里又抽了5000元给生产部门，研发部门的负责人吃了个哑巴亏，心里非常不舒服！

20万元奖金本是好事，但分配结果却使两个部门间产生了矛盾，两个部门的负责人都生公司的气。

那么，项目奖金到底该怎么分配呢！这里提供一种思路。

注意，在执行此方案前，必须先和总经理达成一致。

第一步：召开会议，肯定大家对团队的贡献，明确项目的成功离不开每个部门和每位参与者的配合。

第二步：义正词严地点出，由于一些客观因素，以及部门情况和每个人的付出不同，可能每个人的奖金也会有所不同。

第三步：趁势举出一些具体的案例，重点肯定关键部门的一些典型突出事迹，同时也要点出辅助部门的辛勤付出。总之，在这里要让大家互相知道对方在这个项目中分别付出了什么、作出了哪些相应的贡献。

第四步：话锋一转，HR觉得大家都很优秀，所以很难取舍，而且大家对项目都很了解。公平起见，请各部门负责人以不记名的方式，写出自己觉得合理的分配比例，并在规定的时间内提交给HR，由HR汇总，取加权平均值分配。

还要明确告知大家：如果不写则视为自动弃权，将遵循其他部门的想法。如果大家都不写，则奖金取消。

第五步：将各部门的分配意见全部收集上来后，会议结束。HR

根据收上来的数据和总经理沟通协商，听取总经理的意见，并根据总经理的意见调整结果。

第六步：如果各部门负责人提交的结果和最终调整结果的差别较大，HR在结果公布之前可以私下找这些部门负责人沟通协商。不求完全说服对方，但至少要给对方一个心理预期，根据对方反应的强烈程度试探对方的心理底线，然后再和总经理沟通，评估是否需要调整分配方案。如需调整，则再次和该部门负责人沟通、示好，表明HR已经尽力协调，也争取到了一些调整，但可能不能全部达到对方预期，请对方谅解，获得共识。

第七步：私下和其他部门简单沟通。如出现强烈反对者，则采取和第六步相同的动作。

第八步：再次召开分配大会，宣布调整后的分配结果。

第九步：召开表彰大会，发布奖金。

以上方案的整体核心不在于价值评估和数字游戏怎么做，关键在于如何做好沟通协调，让大家获得心理上的相对平衡。

综上所述，要做好薪酬调整需要注意以下几点。

1.首先要明确薪酬调整的核心目的是什么，以终为始，才能得到公司和员工的认可。

2.盘点薪酬调整的三大依据：公司实际、市场行情，心理平衡，使调薪具有公平性、合理性和科学性。

3.基于企业规模对薪酬模式进行选择，调薪幅度应针对要点做重点分析。

4.把握好操作方法和调薪幅度，做到公司满意、员工满意。

5.调薪前进行摸底，选择不平衡点切入；调薪时，要提前沟通，进行安抚，规避误解；调薪后要及时盘点，判定调薪的结果是否达到预期，如果没有达到，要及时纠错。

6.针对薪酬无法达到对方预期的情况，可以根据对方的诉求和公司的实际情况，通过其他手段补充。

第三章

低成本高效率的福利制度搭建方法

第三章 低成本高效率的福利制度搭建方法

在搭建与实施公司福利体系过程中，往往会有以下场景。

"想尽办法为大家争取和申请福利却吃力不讨好，反而被大家责备说到手薪水这么少，大家都不满意。"

"公司领导口口声声说，要建立公司福利体系、提高公司竞争力、提高员工工作积极性，但经过精心设计的福利体系制度在审批时却各种不对，我不知道什么样的福利体系才是领导满意的。"

这些问题如何破解呢？谈起福利，大家的第一感觉就是钱，会想到五险一金、补贴、奖金、年终奖，甚至会想到股权激励或分红福利等，但在公司在真正搭建"福利体系"时，大家往往会觉得老板格外小气。

本章将讲解搭建福利制度时的参考要素、福利制度应如何设计、背后的逻辑是什么、如何将每一分钱都花在"刀刃"上、如何避免出现"钱花了不少，员工还一肚子抱怨"的情况。

第1节

福利机制建立的核心目的

同薪酬体系搭建相同,建立公司福利制度,同样要先明确公司做这项工作的核心目的是什么,一般而言,有以下几种目的(如图3-1所示)。

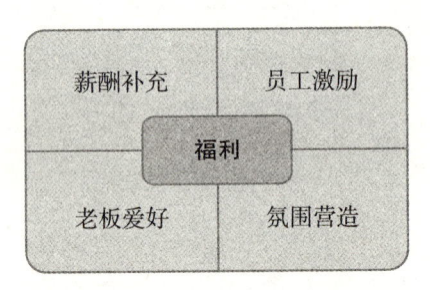

图3-1 搭建福利制度的目的

一、薪酬补充

当公司供给薪酬调整的资金不多、基础工资也不高时,老板如果想激励员工,又不想全靠工资去激励,就可以用另外一种方式对薪酬进行补充。

还有些公司人员比较少,公司想给员工发福利激励员工,但如果把这几十元直接加到员工每月工资里面，工资整体变化不大，起不到激励作用，所以也可以通过另外一种方式发放，作为薪酬的补充。

二、员工激励

如果老板资金充足，又不想将福利全部以金钱的方式给员工，就可以把现金变成其他物品，以另外一种方法来激励员工。

有些公司老板，本可以直接将一部分现金发放到员工每月的工资里，但为了留人非要以年终奖的形式发放，而年终奖的金额就会显得非常高。

看到这里，可能有读者会问，年终奖不也属于工资吗？如果以这样的逻辑去理解，所有的现金都可以算工资，但是福利主要说的是员工每个月固定工资外的一种收入，所以还是要区分出来。

年终奖不是所有公司都有，不像基本工资、加班费那样算在薪酬体系里，还有些公司的年终奖不在薪酬体系里。

薪酬与福利最大的差异就是，薪酬是硬性规定，是公司必须支付给员工的，而福利是公司可以支付，也可以不支付的。

当年笔者在台资企业工作的时候，公司的年终奖非常诱人，高达六个月的月薪，年前发三个月的、年后发三个月的，充分地激励了员工。

三、氛围营造

有些公司觉得办公室没有办公氛围、不活跃，团队内部沟通太少、平时没有凝聚力，于是老板就可能要求HR想办法营造一些办公室氛围，让员工能有归属感，增加内部沟通，提升团队凝聚力。

如果团建费用比较充足，又想增强体验感，可以找拓展公司策划活动；如果想要有自己的风格，HR又创意比较多，就可以公司自己组织，如爬山、烧烤、聚餐等。

也有一些资金成本低，又能增强归属感的活动，比如大家一起动手，每人做一个菜，在忙碌的过程中享受快乐，同时又能发现同事和平时工作不一样的一面。

通过举办或组织一些活动营造氛围，也是企业文化建设的一部分，比如组织员工旅游、参加拓展活动等。

四、老板爱好

即根据老板的心情和个人爱好发放的一些福利。有些公司年终的时候有抽奖活动，这时老板可能额外增加一些奖品，比如老板个人爱好吃火锅、喝奶茶，那么每到周五晚上下班，就可能邀请公司员工一起去吃火锅，这就属于因老板个人的爱好而增加的员工福利。

第2节

福利设置的主要依据

曾经有个公司想要给员工建立归属感、增加员工的幸福指数，于是会安排工会拟定一个员工生日会的项目，每月组织一次，将当月生日人员聚集在一起，在公司食堂一起过生日。

HR和工会主席可能会觉得，既然要给员工建立归属感，就要同时在生日会上为员工建立荣誉感。于是安排工会主席和HR都参加生日会，并且邀请公司的高层领导一起为员工过生日。生日会上，除了准备蛋糕外，每位员工还可以和公司高层领导合影，大家一起在食堂聚餐吃饭，吃蛋糕许愿。

没想到的是，这样的生日会办了没有几个月，就开始有很多的寿星不愿意参加了，弄得高管们很尴尬，而最尴尬的还是HR和工会主席。

这种活动为什么创设时感觉很好，效果却如此不如意呢？

分析后，公司认为主要原因是没有考虑到员工的个人需求。

因此在这一节我们将一起学习设置福利时需要参考的依据（如

图 3-2 所示）。

图 3-2　设置福利的主要依据

一、公司资源

即公司当下所拥有的资源。当公司准备推行和奖励什么时，首先要评估有没有这个资源。比如，老板打算每年年底都奖励优秀员工一台车，但是公司没有钱，那还谈什么呢？这就是资源。

资源不仅仅是钱，也可以是其他方面的东西。比如，老板想举办一场大型的运动会作为对公司的包装与宣传，这时的资源就是指场地。

记得有一年笔者参加 HR 的聚会，某公司老板想举办一次选秀活动，想通过选秀节目把一些员工包装出来，最后经过评估，公司既没有这个实力，也没有这个资源，只能不了了之。因此，不仅钱是资源，人也是资源。

二、HR实际

指 HR 自身的实际情况，比如自己的权限范围和影响力有多大。

有时就算HR很想为员工谋取福利，也要评估自己在老板面前有多少话语权、提出的建议老板是否会采纳。

2015年的时候，笔者所在单位的人力资源部有一位做员工关系的同事，来公司不到两个月就想给员工申请体检福利，但上级领导根本就没把此事放在心上。为什么呢？因为他只是员工关系专员，且来公司时间太短，不具备这个能力。最后，员工体检的福利被行政副理申请下来了，因为行政副理是公司的工会主席。

因此，只有有足够的话语权，才能在关键人物面前提可能被采纳的建议，一句话——有多大能力办多大的事。

三、个人需求

设置福利时，要考虑福利发放对象的需求，福利也分针对某一部分人员的福利和针对所有人员的福利，不管哪一种，都要确定福利能不能满足员工的需求。

比如，某个部门的员工特别喜欢钓鱼，就可以找一个鱼塘组织他们去钓鱼。同样是花钱，了解他们的需求点在哪里、他们的兴趣爱好在哪里、他们想要什么后，再在你的能力范围之内尽可能"对症下药"，效果会更好。

以上就是搭建福利制度的依据。

第3节

福利设置的考量维度

真正做福利体系的时候,要从员工的需求出发(如图3-3所示)。

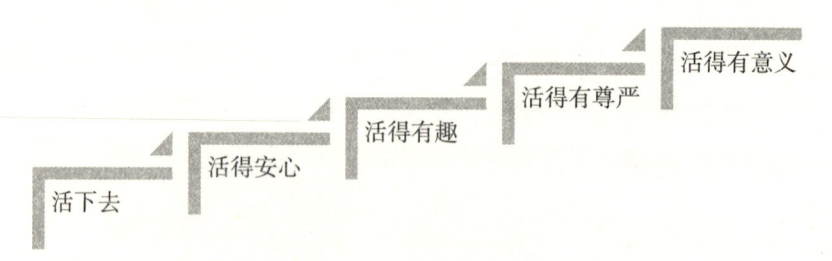

活下去　活得安心　活得有趣　活得有尊严　活得有意义

图3-3　员工的需求层次

一、活下去

当公司的薪酬较低时,员工就会盼望公司多给一些福利,比如额外的补助、额外的奖金等,它们不属于薪资的组成部分,具体金额和设置,要结合公司的实际情况进行调配。

笔者曾经在上海的一家公司供职,公司有一个不成文的规定:针对基层、中层和高层干部,年底的时候除了年终奖外,还会根据每个部门的每个人、不同的岗位、不同的贡献，额外发一个红包。发红包的原因是他们日常的工资不是很高，在公司创立的前几年，薪酬不具备竞争力，于是形成了年底拿双份年终奖金的规定，而这个红包名义上是福利，事实上是为了补充员工的基本收入，目的就是满足员工的生存需要，这是一份生存保障。

二、活得安心

是指一些基本的安全保障，如五险一金、公积金等。如今，如果公司不给员工上任何保险，员工在工作时就会不踏实，因为没有一点保障。

笔者曾经在一家高科技制造型企业工作，车间工作环境比较恶劣，一到夏天特别热，空调也不给力，所以公司会安排购置一些冰块放在车间给员工消暑，让员工安心工作。还有些办公室无法安装空调，为了防止员工中暑，公司买了一些冰汽水放在车间里降温，同时还配了一些降暑药品在员工工作的地方，目的就是让员工活得安心。

三、活得有趣

在满足了生存和安全的需求后，为了使工作不枯燥，公司可能会通过举办活动、员工生日送小礼品等方式令员工觉得工作环境非常"有爱"，因为大家想要的就是这种开心、愉快的工作氛围。

四、活得有尊严

当员工做得好的时候，要给予他们一些精神荣誉作为奖励，以满足他们的精神需求。

比如，公司会举办文体活动，并通过这些活动授予员工各种各样的称号，这些称号通常能在公司内兑换一些奖励。这就是说，公司不但承认员工业绩出色，其他方面也有闪光点，这就是让员工活得有尊严。

五、活得有意义

帮助员工做自己喜欢、热爱的事，实现自我价值，这就是让员工活得有意义。

比如，公司可能会成立健身俱乐部，而只有当员工绩效符合公司标准时才能参加。健身俱乐部可以由公司健身爱好者运营，公司提供一个平台、一个空间，由员工自由发挥，做自己喜欢、热爱的事情，让员工自己实现自我价值。

以上这几个层面构成了基于不同的需求、目的的整套福利体系。需求必定是一切福利的基础。

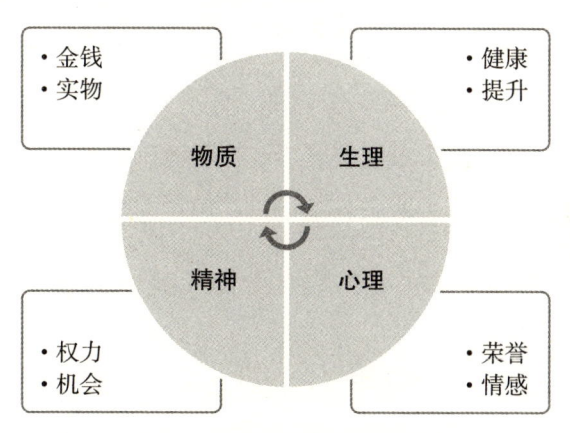

第4节

福利设置的常见形式

福利设置的常见形式如图3-4所示。

图3-4 福利设置的常见形式

通常情况下，对于想要升职的老员工，我们会搭建内部人员晋升机制，让员工有向上的空间，在实质上满足员工的面子以及薪资需求。

很多公司都会在法定节假日发放一些日用品、食物等，表示对员工的节日慰问；还有公司会组织员工集体生日会，让员工感受到家庭的温暖。这些都是基于员工最基础的需求而设置的福利。

还有的公司为员工身体健康考虑，除了提供茶歇，还配置健身房，这也属于公司的一种福利。

我们将以上的各种福利形式总结为四类，下面进行详细的阐述。

一、物质

（一）金钱

直接给金钱，它不是薪酬体系内的奖金、红包及其他补助等。有些企业为了引进高技能人才，会直接给人才津贴，这就是金钱福利。还有些城市出台了人才吸引政策，由公司帮助员工申报，领取政府的人才津贴，这是一项金额比较大的福利，也是金钱性质的。

（二）实物

如各种礼品、奖品和各种购物券等。逢年过节的时候，公司可能会给员工发购物券、电影券等。

二、生理

（一）健康

即针对员工身体健康的福利。如公司每年组织的员工体检，就是给员工的一份健康保障。

（二）提升

即身体机能的提升。公司可能会提供健身活动场所、身体加油站，甚至专门请健身顾问、健身老师，让员工进行身体锻炼。这样做，除了能提供基础健康保障，还能提升员工的生理机能。

三、心理

（一）荣誉

给予一些称号和优秀嘉奖，并且在公司内部宣传。比如，在教师节之际，公司给内训讲师评比一些称号，同时给这些称号配上头衔，在全公司进行宣传和表扬，让内训师感到自己受重视。

（二）情感

有些企业会开设心理咨询室，有专业心理咨询师和宣泄室，专门做情绪的调整和发泄、关系的处理和情感的梳理等；同时也会设置一些假人、不倒翁，让员工宣泄不良的情绪。

四、精神

（一）权力

有些企业为了激励员工，当员工达到符合公司设置的条件后，会给他们提供在企业中担任轮值CEO、轮值主管的机会，给员工提供成长的空间。

（二）机会

有些企业会根据员工的年资，给予其购买原始股的机会，这能在精神层面上让员工觉得自己也是公司的一份子，可以与公司共进退。比如，当下比较流行的股权激励，就是要让员工觉得自己也是公司的主人。这种福利比较适合有想法的员工，是偏向精神层面的奖励。

第 5 节

不同层级的福利设置形式

在学习之前的内容后,在提到福利时,可能大多数的HR的第一反应就是要了解基层员工的需求是什么。然后基于公司资源、个人需求进行实际评估,设置福利体系。

在企业的福利中存在非常有意思的现象。

比如,通常情况下,年会活动在设置奖项时都会有个"阳光普照奖",目的是让所有员工都能够感受到关怀。

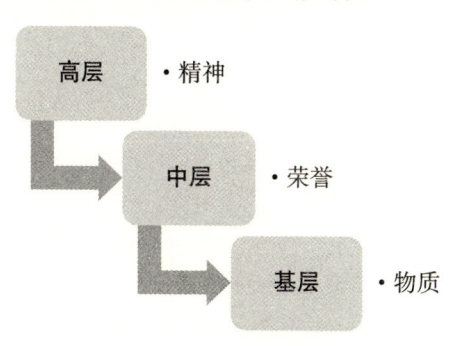

高层 · 精神

中层 · 荣誉

基层 · 物质

图 3-5 福利设置的分层

这里我们要注意福利的设置,要考虑具体接受福利的人是谁。

针对企业不同层级的人员，其激励方式是不一样的。

俗话说，和基层建立利益共同体，和中层建立利益和荣誉共同体，和高层建立利益、荣誉、精神共同体（如图3-5所示）。

第6节

福利兑现的操作方式

福利的兑现方式依据福利的不同种类而分为以下几种。

一、时间维度

从时间上说，福利兑现的方式包括短期、中期、长期三种（如图3-6所示）。

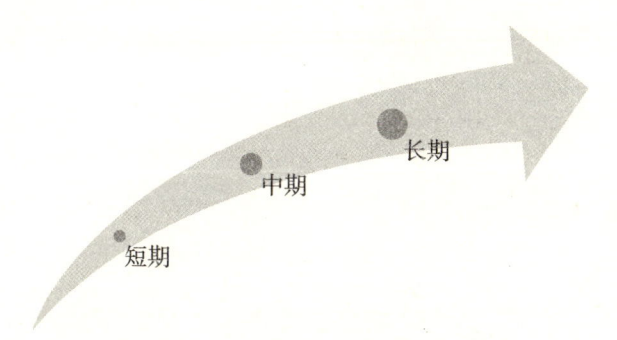

图3-6　基于福利兑现方式的分类

短期：指在短期时间内必须兑现的福利。

中期：这种福利的兑现时间比短期相对长一些。

比如，年终奖的兑现时间就需要一年，或者年度优秀员工的旅游奖励，需要各种宣传、发文及评比，整个流程特别有仪式感，但也需要等一段时间才能兑现，所以这些福利是中期的。

长期：指随着年资的增加，满足一定年资后才有资格获得兑现的福利。

笔者曾经供职的一家上市公司规定可以进行股权激励，但要想获得公司的股权，就要达到一定的职等职级，还要有一定的年资，此外，业绩要达到一定的水平，这就是长期兑现的福利。

二、福利性质维度

从福利性质上说，可分为保障性福利和激励性福利（如图3-7所示），但很多公司在这方面的操作欠佳，不是花了钱还没办成事，就是办坏了事，把激励性福利变成了保障性福利。

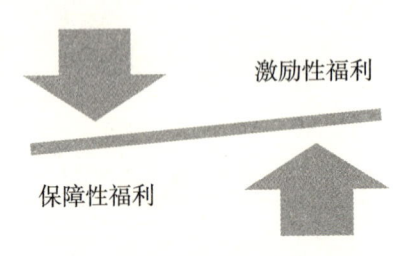

图3-7　基于福利性质的分类

保障性福利：指法律规定的福利，全员必须享受，比如五险一金。

激励性福利：当公司资源比较匮乏的时候，为了控制成本、减少预算、充分调动人员的积极性，可以通过激励性福利达到目的。

比如，公司把旅游作为保障性福利让全员享受时，每到出去旅游的时候，可能这个人不去、那个人有事，但如果公司为这些福利设置一个门槛，如当员工绩效考核达到什么等级时，才能享受这些福利，员工觉得机会来之不易，才会更加珍惜。

如果企业想节省福利预算，首先要把公司的福利清单列出来，检视哪些福利是全员享受的，哪些福利是针对特殊人群的。其次要分析哪些是法定的保障性福利，哪些是激励性福利。控制激励性福利的成本，同时获得更好的激励效果，更好地调动大家的积极性。

此外，还可以基于人的软性需求，想办法通过增加员工的参与度、荣誉感和活跃度实现激励、降低成本。

根据这两条思路，可以在一定程度上降低福利体系的预算，尽量"少花钱、多办事"，把钱花在"刀刃"上。

三、具体在操作中要注意的三个问题

在福利的设置和兑现的具体操作中要注意三个问题（如图3-8所示）。

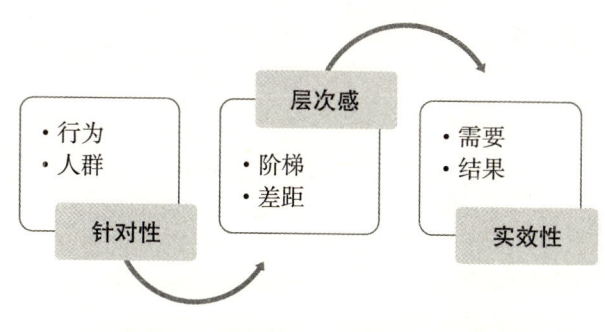

图3-8 操作中要注意的三个问题

针对性：在做激励性福利前，先要明确想要激励什么样的人或鼓励什么样的行为。

比如，设立只有绩效到达一定等级的员工才可以使用的健身房、针对哺乳期女职工设立妈妈驿站等。

层次感：要营造一种阶梯和差距感。比如为月度、季度、年度优秀员工设定不同的奖励标准和额度，拉开差距。

实效性：就是要根据公司的激励目的，在福利的设定上体现出这种倾向性，注重激励的实效性。

第7节

福利设置的出发点

一般在进行福利设置的时候,可以从以下几个点出发考虑(如图3-9所示)。

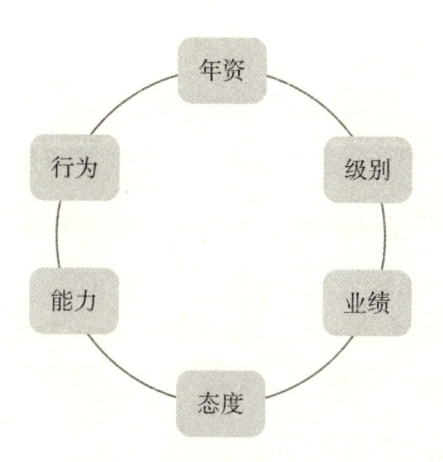

图3-9 福利设置的出发点

第一,年资:根据年资设置。

第二,级别:根据级别来设置福利,比如有些台资企业为一些职务在规定等级之上的干部设置的干部餐厅。

第三，业绩：即员工绩效达到一定要求后才可以享受的福利。

第四，态度：即公司要求员工在一些事情上给予的配合。笔者曾经供职的公司建立了图书馆，规定捐书的员工优先享受借书的名额、借书的权限。这就是基于态度设置的福利。

第五，能力：指专业能力达到一定的级别后才能享受的公司福利。

笔者曾经供职的一家上市公司设置了一项小餐厅的福利，开始时是规定正科及以上的人才可以到小餐厅就餐，后面随着公司的发展，公司迫切需要激励一部分专业人才（工程师、高级工程师、高级别技师）。为了把握平衡，公司对这项福利进行了重新设置，规定除了正科长以上的人员外，凡是专业级别达到一定级别的都可以到这个餐厅就餐。

第六，行为：指只有具备公司想要的行为的员工才能享受的公司福利。

比如，有些企业对全勤奖进行了拆分，把全勤奖作为一项福利制度写在薪酬体系之外，即只有本月出勤正常，才能享受全勤奖。这就是基于行为的福利。

第8节

福利设置的操作思路

有时，HR会遇到福利无法落地的情况。

曾就有企业在做福利设置的时候，想通过福利设置在当地宣传口碑，于是他们给所有员工定制发放了蚕丝被，并打上公司标志。

但在落实时由于公司人员基数太大、员工流动性太高、成本高，而且印制公司标志时间也长等原因，福利没有落地。

因此，在真正设置福利的时候，需要秉承以下操作原则（如图3-10所示）。

- 从无到有——投入成本
- 从易到难——产出效益
- 由近及远——产出时间
- 从小到大——覆盖范围

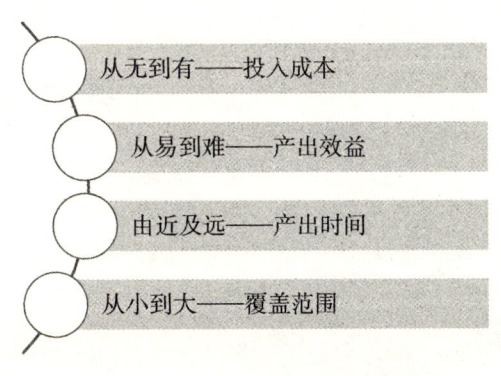

图3-10 设置福利时的操作原则

一、从无到有——投入成本

当公司还没有福利体系的时候，操作时，首先要考虑从无到有，即金钱和资源的投入。也就是说在搭建福利体系的时候，要从成本低的项目考虑。不要在建立之初，就好高骛远。

比如团建活动，不要上来就组织旅游，可以考虑部门内部AA制或组织前往某位同事家里去开家庭日会，这同样可以提高凝聚力。

二、从易到难——产出效益

在真正进行福利操作的时候，还要想到有些福利虽然效果可能比较好，但很难操作。

有些公司会让主管给下属定制个性化礼品，这个福利虽然有效果，但要考虑实施操作的难度，相比之下让主管在员工生日当天在工作群里发送几句祝福语就比较好实现。

所以从操作难度上讲要由易到难，不要一上来就追求"高大上"的福利，要考虑操作难度和公司的实际情况。

三、由近及远——产出时间

指选择见效周期比较短的福利。先从短期考虑，当下能做什么，要由近到远。

四、从小到大——覆盖范围

由点到面，再搭建成体系。

笔者曾经供职的公司的员工关系负责人曾做过一件非常不明智的事情：老板让他做一份福利体系方案，于是他做了一份非常全面的福利方案，里面有五六十条内容，包括股权激励、健康体检、保险等，各种福利都有。但是公司无法一次性投入这么大的成本构建一个完整的体系，并覆盖到所有人，其中不可预知的困难太多了。

因此，如果公司要从零搭建福利体系，或者对原来的体系进行优化升级，就要秉承四个原则：能不花钱尽量不花钱；哪个容易操作就先做哪个；哪个见效快就先做哪个；先做点，再做面，也就是从小到大、由点及面。

案例智库

公司背景："3C"行业，位于江苏省某制造业城市，处于快速发展期，员工数量快速增长，已从700人发展到2000人，即将从中型企业发展为大型企业，并且规模很快会超过3000人。公司初步建立了绩效制度，想要延伸绩效激励、将绩效推动落地、引起大家对绩效的重视，但是激励预算有限，公司控制着激励总金额。

确定目的：

第一，配合绩效落地，激励员工。要确保万一遇到绩效奖金难以发放的情况，员工还有其他福利可以兑换。

第二，企业文化建设，营造氛围。将激励、绩效以及公司规章制度的执行紧密关联，引导员工遵守规章制度，改善出勤情况。

设定奖励依据：

公司资源、HR资源和权限、员工需求。

第一，公司给予激励奖金，但是预算有限。

第二，HR可以在预算范围内决定具体奖励内容。

第三，最终确定的具体奖励内容，要满足员工的需求，确保能够激励到员工。

确定激励对象：

优秀员工评选的激励对象是基层员工，因此公司副科长及以上级别的主管不参与优秀员工评选。确定激励对象后，确定奖励方式：在给予物质奖励的同时也要给予荣誉奖励。个人评选之外，还有团队评选。

确定奖励内容：

根据奖励设定依据及奖励对象，确定奖励内容为：

入选"季度优秀员工"者将获得"季度优秀员工"荣誉证书和精美礼品一份，另外享受一次价值200元的额外奖励。

入选"季度优秀团队"者将获得"季度优秀团队"荣誉证书、流动锦旗及额外奖励。

入选"年度优秀员工"者将获得"年度优秀员工"荣誉证书和现金奖励500元，另外享受价值1500元的额外奖励。

入选"年度优秀团队"者将获得"年度优秀团队"荣誉证书和流动锦旗，另外享受公司发放的特别额外奖励。

公司管理层还将根据公司实际状况，适时地加大奖励力度。

优秀员工和团队评选按季度和年度进行。首先，季度和年度奖励的内容不同，营造了层次感。其次，奖励内容包含了荣誉奖励和物质奖励，以及额外奖励，满足了员工的多重需要。最后，设计额外奖励，让员工有所期待，也方便HR根据员工需求，在预算范围内设计不同的奖励，激励员工。

评选标准：

优秀员工依据年资、级别、业绩、态度、能力和行为进行评选。

适用范围如下：

· 评选分为"季度优秀员工""季度优秀团队"和"年度优秀员工""年度优秀团队"，其中副科长及以上主管不参与优秀员工评选。

· "季度优秀员工"必须在公司入职满6个月。

· "年度优秀员工"必须在本年度1月1日前入职。

- "年度优秀员工"从本年度"季度优秀员工"中产生。
- "年度优秀团队"从本年度"季度优秀团队"中产生。

管理办法如下：

- 季度优秀员工评选标准——遵守公司各项规章制度；季度内无旷工、处罚记录，迟到、早退现象不超过一次；严格遵守SOP操作流程，无质量安全事故、无违章记录；生产效率、生产品质与绩效突出；"创新"能力强，积极开展工作，提高工作效率和品质，取得显著成效；具有敬业心、责任感、团队合作等职业精神；季度绩效考核成绩靠前且平均95分以上者。

- 季度优秀团队评选标准——以各部门最小职等单位作为一个单位参加优秀团队的评选；团队绩效考核排名靠前；工作质量好、工作效率高；团队成员出勤、工作纪律、协调配合佳；团队工伤事故0次；团队与相关单位工作的协调与配合度佳。

优秀团队评分由两部份组成，其中团队季度绩效平均分权重70%，部门主管评分权重10%，部门最高负责人评分权重10%，关联部门评分权重10%。

- 年度优秀个人及年度优秀团队的产生——年度内累计三次被评为"季度优秀员工"的员工，年度平均绩效考核分排名靠前且高于一定分值（具体分值由公司视实际情况而定，但最低不得低于95分）者将成为"年度优秀员工"的候选人。

年度内累计两次（含）以上被评为"季度优秀团队"的团队将成为"年度优秀团队"的候选人。

评选将会根据公司管理之实际作适时调整。

年资：

季度和年度优秀员工候选人需要在公司满足一定的工作期限。服务期限过短，无法综合判断该员工是否优秀。因此季度优秀员工设定参选条件之一为工作期满6个月，年度优秀员工参选条件之一为本年度1月1日前入职。

级别：

优秀员工评选主要是为了激励基层员工，因此参选人员也是基层员工，副科长及以上主管不参与评选。

业绩：

只有业绩优秀，才符合评选标准，鼓励大家提升个人和团队业绩。因此优秀员工评选规定，参选人的绩效考核成绩需要达到95分；优秀团队评选规定，参选团队的绩效考核排名要靠前，还有其他如生产绩效、质量等方面的业绩要求。

态度：

主要是引导员工和部门之间的相互配合，便于工作开展。

行为：

优秀员工和优秀团队评选的重要目的之一就是引导员工行为，如遵守规章制度、改善出勤情况。因此，不论是优秀员工的评选标准还是优秀团队的评选，都加入了遵守规章制度、出勤情况、违纪情况、工作纪律等的标准。

能力：

业绩好，能力也强，才能持续不断地达成优秀业绩。

因此，评选的标准是根据公司的需要设定的。

名额数量：

· 入选名额

"季度优秀员工"入选人数不超过本季度员工总数的3%。

"年度优秀员工"入选人数不超过本年度员工总数的2%，具体名额由奖惩委员会根据各部门绩效、违纪处分、特殊贡献等实际情况分配。

"季度优秀团队"入选名额不超过评比团队总数的3%。

"年度优秀团队"的入选名额不超过评比团队总数的2%，具体名额由奖惩委员会根据各部门绩效、违纪处分、特殊贡献等实际情况分配。

如果设置的比例过高，体现不出优秀员工和团队的稀缺性，获选的优秀员工难以体会到荣誉感。且预算有限，每位优秀员工、每个团队的奖励就会减少，可能导致达不到激励效果，花了钱、耗费了时间，员工还不满意。

如果设置的比例过低，那么大部分员工可能会觉得优秀与自己无缘，评选活动就调动不起大家的积极性。

公布结果：

公示（公布候选人）；总经理核准并公告；发放"荣誉证书"和奖金，并组织相应活动。

最后一步是奖励的兑现，也非常重要。通过公示、发放荣誉证书和奖金，对优秀员工/团队进行线上线下的宣传，并制作海报张贴在公司的显眼位置，既能吸引、刺激其他员工，也能给优秀员工/团队以极大的荣誉感和满足感。

以上的评选标准仅适用于处于快速发展期的公司，此阶段公司发展迅速，各项规章制度、绩效制度等需要推动落地，通过优秀员工/团队的评选,可以进行行为引导,逐步建立起企业文化。

当公司跨过快速发展期,人员数量发展至3000人时,就需要对评选标准进行调整。此时,公司的规章制度、绩效制度等已经深入人心,员工自发遵守,不再需要通过激励的方式引导。这时,要将员工的视线引导至公司当下重要的工作上。

因此,优秀员工/团队的评选制度不是一劳永逸的,要根据企业不同的发展阶段、不同的激励目的、不同的关注重点进行及时调整,引导员工的行为。

表3-1 季度/年度优秀员工评选

年　月　日

拟推举名单		部门	
入职时间		职务	
拟推举评选	(　　) 季度优秀员工 (　　) 年度优秀员工			
项目内容			
工作业绩与自我评价(相关附件)			
直接领导意见			
部门经理意见			
管理部意见			
总经理意见			

备注:请各部门提供评选优秀员工的参考依据。

综上所述，要建立福利制度需要注意以下几点。

1.建立福利机制时，要先明确核心目的。

2.一切从员工激励、氛围营造、老板的爱好和薪酬补充出发，并结合公司资源，将钱用到"刀刃"上，少花钱、办大事。

3.搭建整个福利体系的时候应从需求层次上考量，针对不同的层级、形式、周期、性质综合分析，以确保体系设计适合公司当下的情况，花最少的钱，获得最大的效果。

4.福利设置时还需要思考七个要点和四个原则；能不花钱的尽量不花钱、先操作容易的和见效最快的、以点带面，从小到大去操作。

第四章

零基础搭建员工关怀体系的规划思路

员工关怀是一个项目，也是一项"润物细无声"的工作，需要我们用发自内心的真诚和感情去关怀他人。要知道，除了福利，小到一句问候、关心，都可以成为员工关怀的一部分。

提起员工关怀，大部分HR都会认为，"员工关怀，就是做几场员工活动、节假日发发礼物，也没啥可干的"。

但是，什么是员工关怀呢？员工关怀大概可以分为三个层次：

第一层——能够做到物质关怀，做不到荣誉和精神关怀，比如有的公司偶尔过节会发点东西。

第二层——能够做到物质、荣誉关怀，但做不到精神关怀、实现激励，比如评选先进员工、树立标杆等。

第三层——物质、荣誉、精神关怀均能做到，达到了员工赋能层面，这类公司一般具有崇高的使命、愿景、价值观，企业文化和领导力较好。

从广义上说，能给员工带来温暖感觉的行为都可以理解为员工关怀。然而在实际工作中，许多伙伴的思维还停留在"员工关怀就是员工关系"的层面。

其实，员工关怀是一个项目，它贯穿了HR的六大模块，可以在职业规划、人才梯队建设、关键人才管理、任职资格、绩效激励、薪酬福利、培训体系的搭建、降低离职率等方方面面得到体现。

因此，员工关怀可以融合在整个人力资源里做，不要局限于某个模块。

那么，员工关怀应该怎么规划，规划的思路又是怎样的呢？本章将通过六个方面进行阐述。

第1节

员工关怀规划的整体思路

员工关怀的规划基本遵循如图 4-1 所示的整体思路。

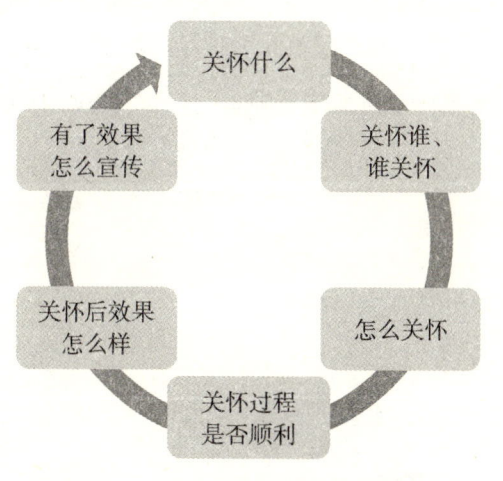

图 4-1　员工关怀规划的整体思路

一、关怀什么

员工关怀是企业文化建设的关键环节，它是为企业文化服务的，明白了这个目的，我们就知道企业文化鼓励、倡导什么行为，我们就要关怀什么行为。只要出现了这种行为，我们就要给予相应的"正激励"。

二、关怀谁、谁关怀

谁有企业文化倡导的行为就关怀谁。那么谁关怀呢？可能是公司的大领导、部门的领导、HR，还可能是具体负责员工关怀的人。如离职面谈，就可以由部门主管和HR一起来做，企业和员工好聚好散，不至于因为沟通不到位而反目成仇，闹到仲裁庭、闹到法庭，两败俱伤。

三、怎么关怀

在员工关怀具体的方案设计阶段，可以用5W2H工具（即Who，What，Where，When，Why，How，How many）描述清实施细节，并生成落地表单。

四、关怀过程是否顺利

这是员工关怀的检查阶段，要对关怀工作过程中的异常进行处理。

五、关怀后效果怎么样

这是员工关怀的总结评估、改进阶段，在对方案进行调整、优化后，进入下一个关怀阶段。

六、有了效果怎么宣传

俗话说"会哭的孩子有奶喝",包装、宣传的目的就是积累经验,为后续工作的提升做铺垫,一方面可以展示业绩、展示成果、树立HR部门的威信;另一方面有了业绩要让老板知道、要让公司高层知道、要让其他部门知道:员工关怀做好了可以帮助业务部门提升战斗力。

第2节

三位一体确定员工关怀工作方向

大部分HR在做员工关怀项目的时候，都容易犯这样一个思维错误：看到其他公司的HR有在做试用期的关怀工作，觉得某种形式比较好。于是找了其他公司要了表单工具以及内容，直接在自己的公司照般，最后却发现这一套在自己的公司推不动，很郁闷，或者发现虽然推动了，部门也配合，但是员工流失率依然很高。

其主要原因是直接套用了模版，而没有分析背景环境，没有结合自己公司实际情况分析要不要做、适不适合做、做的目的是什么。

做任何事之前，都要先明确方向，然后才能保证目标的有效达成。同理，做好以下三个方面，才能保证员工关怀的方向正确（如图4-2所示）。

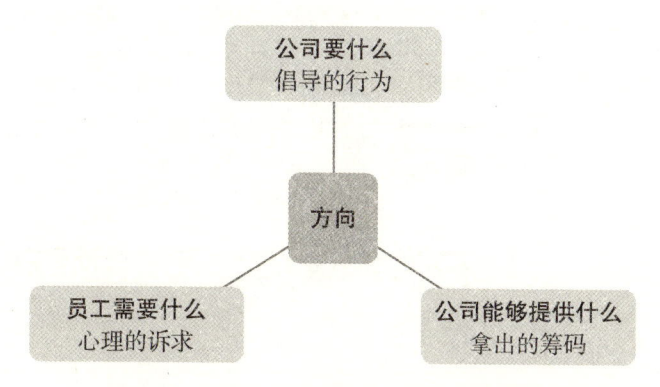

图4-2 从三个方面确定员工关怀的方向

一、公司要什么

即公司倡导的行为是什么。有些公司的每一项工作都要求团队合作完成，那就是倡导团队互助；有些公司要求每一个人都是"特种兵"，能够"单打独斗"，那就是倡导个人标兵。

二、公司能够提供什么

即公司能拿出什么筹码给被关怀的对象。比如，有些公司在某个阶段为了冲业绩会规定，业绩第一名的员工可以做业务部门的主管。这个关怀就简单、直接而有效。

三、员工需要什么

员工的诉求可能是物质层面的也可能是精神层面的，要找准员工需求，并有针对性地满足员工的需求。

如果能够"三位一体"地满足各方面的需求，就大致能保证员工关怀的方向正确。

在方向正确的前提下，规划的思路又是什么样的呢？

第3节

五层需求指引员工关怀规划思路

一般来说，员工关怀可以依据如图4-3所示的五层需求进行规划。

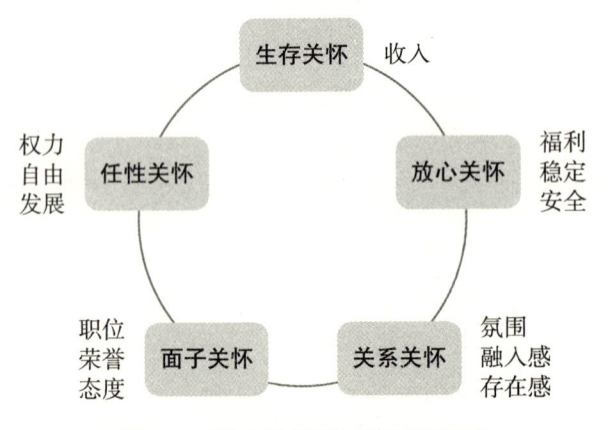

图4-3 员工关怀规划的五层需求

一、生存关怀——收入

员工关怀是否能为员工带来收入上的提升？能带来提升的就是好的关怀。

二、放心关怀——福利、稳定、安全

放心关怀可分为心理和生理两个层面。

笔者曾招聘过一名技术员，他说以后再也不进小公司工作了，因为干了几个月一分钱工资都没领到。所以按时发放工资、消除员工干了活拿不到工资的担心，这也是关怀，是心理层面的关怀。

还有生理层面的关怀。比如，核电、煤矿、化学品类的企业招聘非常难，因为大家担心生产事故和职业病的发生。所以就可以针对员工的生理、心理安全进行关怀，如进行安全教育培训、佩戴安全用具以缓解紧张感，让员工安心工作。

三、关系关怀——氛围、融入感、存在感

即情感关怀，创造公司、部门、团队好的氛围，增加员工的融入感、存在感，不让员工感到被孤立、被排斥、被忽视。比如，对相对比较在意融入感的员工来说，新入职一家公司时，内心会非常没有安全感，可能入职没几天就想离职。这时，HR如果能做好新员工入职关怀，给他创造一个和谐的氛围，不让他感觉被其他同事忽视，就能增强他在公司的融入感、存在感，让他安心工作。

四、面子关怀——职位、荣誉、态度

即尊重的关怀。比如，有一家公司的总监，虽然老板给他加薪到20000元/月，他也没有很开心，后来老板听了某咨询公司顾问的建议，把他从上海区的销售总监提升为华东区销售总监，给了他一

个职位上的晋升，但薪资并没有加多少，然而这位总监非常满意。这就是面子上的关怀。事实上，给予标兵或者其他荣誉称号等也是一种面子关怀。

五、任性关怀——权力、自由、发展

主要是指对员工放权和提供发展平台等有关个人发展和自我价值实现的机会。

总而言之，就是从物质、荣誉、精神三个层面切入关怀工作，在精神层面"打鸡血"、荣誉层面"喝鸡汤"、物质层面"吃鸡肉"，既要给"面子"又要给"里子"。

第 4 节

激励因子与保健因子

做员工关怀工作时，应该会有不少HR遇到过这样的情况：

经过调研，员工需要培养其他兴趣，于是便开始开展各种业余活动，搞得风风火火，然而员工的响应度竟然极低，即便设置了奖品，也还是提升不了员工的积极性。

出现以上情况的主要原因是HR没有将奖励标准进行合理区分。

开展员工关怀工作时，也要结合激励因子和保健因子来做规划（如图4-4所示）。

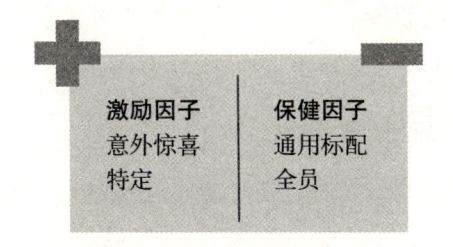

激励因子	保健因子
意外惊喜	通用标配
特定	全员

图4-4　激励因子和保健因子

一、激励因子

就是意外惊喜，是针对特定人群的激励，如针对优秀员工的带薪旅游。

二、保健因子

是全员都有的"标配"，是生存和安全层面的保障。

在实际工作中有很多HR容易把激励因子做成保健因子。

很多公司会做员工团建活动，经常要求员工必须参加。可大家并不认为这是什么额外奖励，还占用自己周末的休息时间，所以根本就不配合，报名参与的人寥寥无几。HR绞尽脑汁地把一场活动组织下来，辛苦不说，换来的却是员工怨声载道，如果最后超出预算，老板还会不满意。

如果换一种思维，把团建活动打造成只有绩效优异的员工才能参加、其他员工参加不了的活动，大家才会珍惜这个机会，效果截然不同。在公司福利预算有限的情况下，既能引导员工的行为，又能营造人人争先的氛围。这就是把保健因子做成激励因子。

因此，在做员工关怀活动时，如果条件允许，要尽量把"标配"的保健因子调整成激励因子。

规划的思路确定好之后，在规划的过程中又有哪些技巧呢？

第5节

四大特性解析员工关怀规划技巧

在前面的章节中我们了解了员工关怀规划的思路，那么，在确定了思路以后，在规划的过程中还有以下技巧（如图4-5所示）。

一、规划技巧

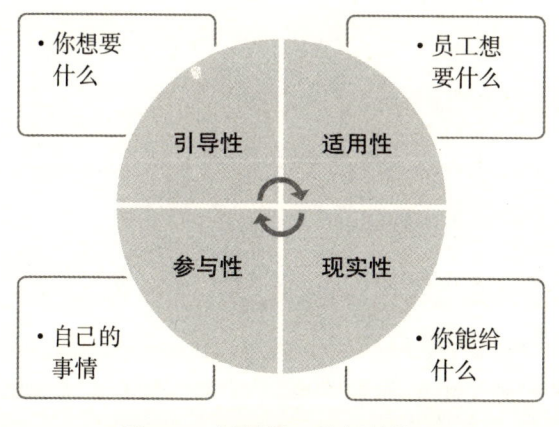

图4-5 规划员工关怀的技巧

适用性：员工想要什么，就给他们什么样的关怀。

现实性：在可控的范围内，给被关怀对象想要的。

参与性：激发员工的参与感和积极性。

引导性：以终为始，公司想要什么，员工关怀工作就引导什么。

案例智库

老板让某HR做一份员工关怀方案，这位HR苦思冥想了几天，方案里有几项是这样设计的：

第一，让员工说出不喜欢的某一位领导；

第二，方案里每个环节都设计了员工谈话，一共有十几次；

第三，每月给各部门的业务标兵奖励50元。

第一项先不提员工敢不敢说，这至少是和公司的初衷相违背的。公司做员工关怀的目的是让员工关注公司好的一面、提升凝聚力、认同公司，营造一个和谐的氛围，是想让员工发现公司的好、部门领导的好、同事的好、老板的好。但"说出不喜欢的领导"问题本身就已经偏离了公司的目的。

同时，这么多次谈话既增加了员工的工作量，也容易引起员工的反感，没有人会愿意配合。

至于业务标兵奖励50元，因为金额太低，不但起不到激励作用，还可能弄巧成拙，引起不满。

这个方案肯定不能推行落地，因为它违背了适用性、现实性、参与性、引导性全部4项规划技巧。

二、注意要点

在做好以上四大规划技巧的同时还要注意下面三点（如图4-6所示）。

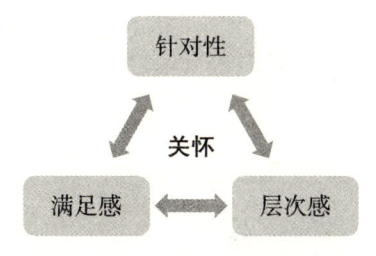

图4-6　规划员工关怀时的要点

针对性：方案要有针对性，确定好哪些人需要关怀，聚焦需要关怀的对象。

层次感：针对关怀对象的情况，形成不同的关怀方案，越符合关怀要求的，关怀的力度要越大，以达成想要的结果。

满足感：达到被关怀对象的预期，让其有满足感，真正感到开心。

第 6 节

做好需求评估

员工关怀不可能满足所有人的需求，只能用有限的资源让关怀对象心理相对平衡。

人的不平衡都源自对比：和自己比、和别人比、和本部门的人比、和其他部门的人比、和同岗位的人比、和跨岗位的人比、和其他公司的人比、和亲朋好友比……总之，没有对比就没有伤害。

员工关怀就是巧妙地、艺术地逐渐引导这种对比，引导对方从不满足变成知足，这就是员工关怀的核心和目的。

要多引导员工和自己的过往对比，多关注自身的满足，少关注外部，因为和外部相比，欲望永远都不可能被完全满足。

要知道，并不是所有的人都要关怀，并不是员工提出的所有需求都必须满足，要合理评估每一项需求，切忌好心办坏事。

案例智库

公司背景：电力行业，很多人因不了解而对该行业有抵触，导致招聘困难。当时公司的人员结构如下：

1. 公司有两个老板（占股不同），一个总经理。

2. 人员基本都跟老板沾亲带故。

3. 现任班组长基本都是有"关系"且有资历的工人，其中一个是大老板的亲弟弟。

行业特点：

因为项目检修有周期，因此电力机组发电时，就是工人在家待命的时候，而机组的停机检修阶段就是工人进场开工的时间，中间有几个月的跨度。为了不让工人流失，在下半年项目开工时，公司需要每人每天支付待工费、项目开工入场费和项目结束工人回家的车费。

某HR"空降"至该公司担任人事经理，在入职后的第20天，总经理安排该HR随他去外地，到公司其中一个项目现场跟进工作。完成业务工作后，领导安排HR到工人宿舍走走，和大家认识认识，但是，总经理在去之前反复叮嘱："别待太久，差不多就回来，别和工人们走太近，他们就是干活的，不能惯着。"HR心里犯嘀咕：自家工人，为什么不能走太近？为什么别待太久？

带着满脑子的疑问，HR到了宿舍，结果每到一个宿舍就被一群工人围着要求解决问题：

有N个月前薪资没结算清楚要仲裁的；

有对待工费没付清楚意见很大的；

有留下一堆无头绪的车票票据，因车费没法发放，追着要报销的；

有因前任HR和老板弟弟承诺加薪未兑现"闹事"的；

有怀疑自己被辐射了，要求公司赔偿的；

有工伤部分医疗费报销还没兑现的；

还有班组长说不想干了，要带手下的人跳槽……

走到最后一个宿舍，一位老员工非常凶地说："公司就知道赚钱，没有任何一个人管我们、关心我们，我们就像无家可归的孩子，名义上设了班组长，但其实就是'摆设'，因为没钱没权没人听，大家都'心凉凉'。"

以上仅仅是"闹心"的开始，从项目现场回来后，工人在电话里、微信里、私下、公开都在表达不满情绪。转眼到了发工资的日子，HR的电话和微信从发出工资的那一刻起就一直没停过，直到半夜，他还在接听电话、回复信息，几乎所有工人，都在反映问题，都在要求解决。

HR静下来思考：公司的问题很多，但是这也是他快速站稳脚跟的机会，他要抓住员工各种诉求需要解决的契机，"建功立业"。

首先，他根据工人们反馈的问题，梳理员工的心理诉求，并分为三类：

第一，80%的工人反映了补助、待工费、车费未兑现的问题，这个问题是个"老大难"的事情，但也和他们的切身利益相关，如果这个问题解决了、满足了工人当下的需求，是否就意味着争取到了80%的工人的信任？班组长要带手下工人集体跳槽的问题是否就间接解决了？

第二，在现有的班组长和老员工里选出有威信、肯做事、能做事的人，给予他们一定的权力，满足了他们里子、面子的需求，是否就解决了团队"各自为战、一盘散沙"的问题？老员工反映的公司没人管他们、没人关心他们的问题是否就迎刃而解了？

第三，就前任HR和老板弟弟乱承诺给工人加薪的问题而言，谁承诺的找谁，这个责任自己不能承担。

那么，解决这些问题的思路是什么呢？

第一，从总经理的日常行为中可以判断，第一类问题找他解决估计作用不大，因为他的目标在开拓业务上。而第二类问题的解决对开展业务有好处，是他想解决的。

第二，找出班组长中哪些人可以为自己所用？他们的诉求是什么？该怎么驱动他们？

第三，第三类问题还是要找老板反馈，统一口径。

综合以上的考虑，HR决定先和负责具体工作的"二把手"汇报，再和总经理汇报。他将自己收集的问题反馈给"二把手"后，获得了大力支持。

接下来他和总经理汇报工作，也获得了总经理的支持。

于是他决定按三步开展工作。

第一步：

在工作群和工人沟通：公司计划在两个月内将所有未兑现的钱

全部兑现，公司不再欠工人任何的补助、车费、待工费等，请各位同事将自己的问题列好后发给HR登记，HR将逐一梳理答复，但是需要时间。

第二步：

设计班组长管理方案，方案的设计需要满足需求，达到如下目的——让想做事、能做事的人做班组长；通过满足其合理的需求，激发其带队欲望，让他们从被动做事转为主动做事；班组长的任命必须经过HR审核。

第三步：

设立工人工作表现奖励。

设计的目的：倡导并鼓励工人积极配合甲方（或业主）的工作，不仅可以树立公司形象，还能间接获得更多的业务订单。最终既能满足工人的面子、里子，也能激发团队战斗力。

之前和工人私下沟通时，HR了解到大部分工人还是想把事做好的，很多工人经常受到甲方和业主的表扬，但是公司没重视，最后不了了之，但这也是他激活团队战斗力一个非常好的切入点。

奖励的标准：以甲方或业主的表扬通报为准，公司内部再通报表扬，给予一定的金钱奖励。

这三步的关键点在于如何在第二步选拔出有威信、肯干事，能干事的班组长，因为班组长活了团队就活了。经过前期和工人的交流及侧面了解，以及"二把手"对班组长、老员工的介绍，HR将目标锁定为反映工人没人管的那位老员工（简称A）。A工作踏实负责，多次受到甲方和业主的表扬，是业主喜欢用的人，担任过几次班组长,是想做事,也能做事的人。A又推荐了几位同他作风相同的员工,经过审核后,初步将他们确定为班组长人选。

因为项目工期临时调整的原因,第一期培训没有做。按照工作流程,HR以公司的名义正式发文任命班组长,带班入场工作。因为是第一期的标杆,班组长非常积极,工人入场证件、资料的协助准备,宿舍问题的协助解决,每周员工安全会议的组织,甲方工作的对接和沟通,关系维护,员工问题的及时反馈,工作汇报等环节——都做到位了,整个团队立马呈现出不同的状态:

工人反馈的问题有人管理,能及时解决,工人高兴;

甲方的工作有专人对接,协调顺畅了许多,甲方高兴;

班组长"有里有面",还有公司全力支持工作,班组长高兴;

HR可以腾出更多的精力跟进甲方的业务,争取多拿订单;

工人有活干了就能拿更多的钱,公司能赚钱,总经理、老板高兴。

项目开工第二个月,HR天天加班,翻出以前的财务数据,对报销票据、项目结算单逐一进行梳理、核算,工人的欠账全部清零。自此,HR在群里说话时,工人们不再冷嘲热讽,也不再争吵。因为他们都知道HR是真心为大家好,确实在帮助大家解决问题,在工作上十分配合。

第三个月结束,项目收尾,HR马上跟进,在群里公布对班组长的通报表扬和管理补助的兑现截图,给足面子、持续刺激。同时,项目期间公司有五位工人受到业主的通报表扬,公司管理层于是在群里转账,兑现奖金承诺。

工人们说，其实他们的要求很低，有活干、能赚钱、被尊重、有人管就好了，事小心暖。

员工关怀的本质就是温暖人心，引导人性，满足员工的合理需求，激发新的欲望、平衡各方的需求。当然，前提是这些问题的解决都在HR自己的能力和权限范围内，切记只有合理需求应被满足，而不是无限制地满足。

综上所述，要做好员工关怀工作需要注意以下几点。

1. 在做员工关怀前，要先确定工作的方向、明确目的。

2. 从物质、荣誉、精神三个层面进行员工关怀规划，同时考虑保健因子和激励因子。

3. 员工关怀规划需要考虑引导性、适用性、现实性和参与性，同时要有针对性、层次感和满足感。

4. 人的需求是永无止境的，并不是所有需求都需要被满足。

5. 员工关怀是一个项目，做规划时不要将它与HR的六大模块割裂开。

第五章

激励型员工关怀方案的设计方法

第五章　激励型员工关怀方案的设计方法

第四章我们重点讲解的是员工关怀方案的规划思路，那么，明确了规划思路后，如何制作出有效可执行的方案呢？

如何真正把员工关怀工作落地、帮助他们解决问题，满足他们真正的需求呢？

本章主要教大家激励型员工关怀方案的设计应如何做。

"为何我的项目在各部门推行时，员工们都不配合？"

"为了快速见效，我在新项目推行阶段就设定了处罚条款，为何大家都反对？难道只能奖励不能处罚？"

"我想把项目与公司的制度机制关联起来，要怎么操作呢？"

其实以上问题都可以在方案的设计阶段解决，为项目的顺利推进打下基础。

我们知道，项目的规划要站在公司大局的高度来做，而项目的具体设计和推行则要选择某个容易突破的点切入，以点带面地开展工作。

比如，有的HR在公司推行绩效项目时急于求成，在公司全面铺开，结果阻力重重，大部分都以失败告终，少部分成功的，付出的代价也十分惨痛。因此，在项目的推行阶段要先选择容易出成果的某个部门来推动，再慢慢推广到其他部门直至全公司。

所以，不管推行什么项目，都要切记"以点带面"。

同理，员工关怀项目也必须"以点带面"。

当明确了员工关怀工作的规划、确定了大的方向和思路，就要切入具体的工作中、设计出有效的执行方案，真正把员工关怀工作落地，解决实际问题，满足老板和员工的需求。

本章将以激励型员工关怀方案的设计为例，讲解具体的落地方法以及注意事项。

第1节

激励型员工关怀方案的步骤

激励型员工关怀方案的设计思路分为以下五个步骤（如图5-1所示）。

确认需求 → 评估资源 → 确定权限 → 关联机制 → 确定方案

图5-1　激励型员工关怀方案设计思路的五个步骤

确认需求：确认公司和个人当下的紧迫需求。

评估资源：评估公司、部门能够提供的精神和物质资源。

确定权限：确定部门和个人的权限。

关联机制：关联与人力资源相关的机制，如奖惩机制、方案执行机制等。

确定方案：输出方案。

如果有任何一个环节"掉链子"，都会导致方案偏离方向，或者因为"假大空"而不能落地，无法形成闭环。

那么，五个步骤具体应该如何实施呢？

第2节

确认需求

一、如何确认需求

可以通过查资料收集数据、找人聊天、分析个人档案，查询各类访谈、申诉、绩效考核、离职原因记录、活动参与率数据等方式获取信息。做这些的最终目的是要了解清楚员工的性格特点、心理诉求和想法，以及潜在需求等（如图5-2所示）。

试用期员工访谈记录
员工访谈记录
员工申诉记录
绩效考核记录
离职原因记录
活动参与率记录

图5-2　确认需求的方法

比如，在做试用期员工访谈记录时，记录表里需要包含哪些内容呢？可以有员工背景、入职后的短期感受、目前都有哪些亟待解决的问题以及对公司的评价、个人的诉求等。

做员工访谈记录时，表里还要包含员工日常访谈记录、问题申述记录、绩效考核记录、离职原因记录和活动参与率记录等内容。

相信查询资料、收集数据等工作HR都可以轻松地完成，相对比较容易，但一旦涉及员工谈话，就会遇到问题。

那么，怎样和员工谈话才能收集到想要的数据呢？

二、通过"七步聊天法"获取想要的信息

"七步聊天法"其实就是5W2H，即为何谈、谈什么、找谁谈、何时谈、在哪谈、怎么谈、谈到什么程度（如图5-3所示）。

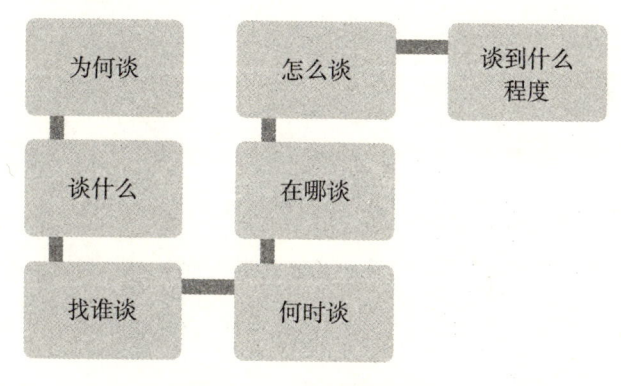

图5-3 "七步聊天法"

谈话前要搞清楚谈话的目的是什么，以及想要通过聊天获得哪些信息。如果目的不明确，就很可能事倍功半。

在明白了为什么谈之后，才能知道谈什么，因为谈的内容一定

是和目的相关的。比如，你想知道员工离职的原因，不管怎么样，一定会问到员工为什么离职，是做得不开心？还是觉得薪水不够？还是心理不平衡？

下面就通过一个案例展示一下"七步聊天法"的操作。

案例智库

某公司最近新晋销售人员的离职率较高，HR就想找新晋销售人员做离职率调查，按照"七步聊天法"，可以这样实施。

第一步：为何谈

要了解新晋销售人员离职率高的原因，就要围绕这个主题展开谈话，不能偏离这个主题。

第二步：谈什么

谈话前要收集和离职率高原因有关联的资料，围绕这些资料展开谈话。

第三步：找谁谈

能找到当事人谈最好，如果当事人不愿意和你谈，也可以找老员工，或者"爱八卦""愤青""牢骚满腹"的或者"表达欲望强烈"的人谈。找别人了解信息的时候，不要被对方的价值观限制住，要摒弃成见，获取你想要的信息就可以了。

第四步：何时谈

一般情况下，选择对方有空的时候谈较好。

针对"爱发牢骚"的人和"愤青"，可以选他有不满情绪、需要倾诉的时候谈，此时对方肯定会和你诉说，你将比较容易地获取你想要的信息。

在谈话中，时机的把握很重要，要站在对方的角度考虑问题，如果你非要在对方忙的时候谈，肯定会引起对方的反感。

另外还可以以正常的工作缘由切入话题，比如在找用人部门谈绩效工作时，谈到后面，就可以岔开话题，顺便了解一下自己想要的信息。

总之，原则是灵活把握、见缝插针，在对方想聊、并且有时间的时候、有表达欲望的时候和他聊。

第五步：在哪谈

要么在绝对公开的地方，让大家对你都没有防备；要么在绝对私密的场所，让大家都不知道。

正规的调查，如新员工离职面谈，可以选择在能绝对保护隐私的地方进行。因为谁都害怕自己的"秘密"被"第三者"知道。实在没办法要和他人共用一个办公室，也没有其他合适的场所时，就要尽量放低音量。特别是在找老员工了解情况的时候，如果该员工的部门领导心胸狭窄，下属就会更担心，所以更要保护好他们。

绝对公开的地点，如一起下班的路上、饭堂吃饭时、一起去开会的路上等，正常同事在一起，别人不会产生什么怀疑。

切记，不管是在公开的、安全地方，还是在私密的地方谈话，都要保证聊天对象的安全。

第六步：怎么谈

可以去对方办公室或者请对方到某个地方见面聊。聊天开始前要先关心一下对方，而不是一开口就亮出自己的目的，不要让对方觉得是很生硬的工作访谈。

开场白可以这样说："怎么样，来的这段时间在公司工作得怎么样呀？""觉得公司怎么样？""个人感觉怎么样，习不习惯？"等。这样的切入方式更自然，更能降低对方的心理防备。

切记，要站在对方的角度，降低对方的防备心理，拉近双方的距离，只有这样才能获得自己想要的信息。

第七步：谈到什么程度

当发现对方开始回避自己的话题，或者神情不定、眼神飘忽、小动作、微表情较多时，就代表本次谈话可以结束了。

做员工关怀的访谈要注意的细节非常多，要根据自身的情况、公司的情况不断优化改进。可以说，掌握了"七步聊天法"，就可以应对各个人力资源模块的工作，因为通过访谈收集信息是人力资源工作的核心。

当我们用以上的方法了解完员工的需求后，会发现员工的需求千奇百怪：有的人希望不加班，可以出去玩或接孩子放学；有的人需要宽松的工作环境；有的人希望能融入公司；有的人希望不被排斥；有的人希望得到认可；等等。需求都不尽相同，但都可以归纳为：物质、荣誉、精神三个层面。

那么，是否员工提出的任何需求都要满足呢？

答案是否定的，我们可以通过需求评估模型判断哪些需求可以满足，哪些需求不需要关注。那么，如何评估需求呢？

三、需求评估模型

图5-4展示的是互联网产品开发经理用到的用户需求评估矩阵。我们做员工关怀，就是要把员工当成我们的用户，我们要站在"用户"的角度考虑问题，为"用户"提供极致的体验服务。这就是用做产品的思维做员工关怀。

需求评估模型		如果不满足的话		
		开心	无所谓	不开心
如果满足的话	开心	矛盾	惊喜 P2、P3、P4	期待P1
	无所谓	错误	无关	必要P1（痛点）
	不开心	错误	错误	矛盾
优先级：P1为紧急重要，P2为紧急不重要，P3为重要不紧急，P4为不紧急不重要				

图5-4 需求评估模型

需求可以从两个维度进行评估：

满足了这个需求，用户会怎么样？

如果不满足这个需求，用户会怎么样？

比如有一名员工薪资10000元，月薪涨了500元，你会发现加薪后他并不开心。原来，他的加薪期望值是2000元，但是只加了500元，而他的其他同事却加了2000元。这就是没满足他的需求，员工不开心。如果这个时候你有条件，就一定要满足他的期望。

从矩阵表里可以得出：P1象限的需求需要优先满足，因为这是期待、痛点。P2、P3、P4象限的需求在有条件的前提下可以满足，如果没有条件，可以先不满足。其他的需求则可以不用关注。

下面通过一个案例，展示如何了解员工需求。

案例智库

表5-1　员工关怀的试用期面谈（第一种）

序号	部门	单位	工号	员工姓名	直接主管	入职日期	面谈类别	面谈日期	员工背景	性格特点	近期关注点

此表格详细记录有部门、单位、工号、员工姓名、直接主管、入职日期、面谈日期、员工背景、性格特点、近期关注点等信息。

"员工背景"可细化为：学历、求职动机、个人意愿、上一家公司的情况、为什么离职、为什么来公司做这一份工作、目前的工作内容是什么。

"性格特点"这栏是用于识别员工个性的，需要面谈人通过和员工的交谈识别出来，而不是让员工自己说出来。员工试用期相当于重新招聘面试，可以从中分辨员工在面试时说的是否属实。

而"近期关注点"这栏，就是员工的"痛点"。

表5-2 员工关怀的试用期面谈（第二种）

下次面谈计划日期	有无关联(Y/N)	关联部门	关联人员	关联人员评价(Y/N)	问题提交(Y/N)	问题类别	内容摘要	接受部门	是否需要反馈(Y/N)	反馈责任人	反馈内容

对于关键岗位，不仅要对面谈人进行调查，还要对其所在部门的关联人员进行调查、了解（也就是多次验证）。

以上就是确认员工需求的过程，确认需求后，就可以进入评估资源的环节了。

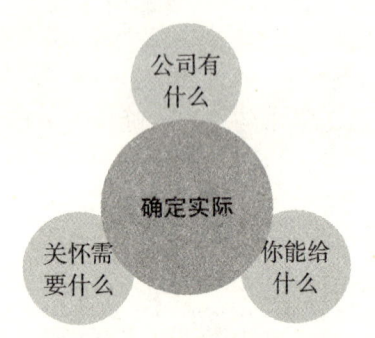

第3节

评估资源和确定权限

一、评估资源和确定权限

评估公司或部门能给到的资源并整合在一起（如图5-5所示）。

图5-5 评估资源和确定权限

公司有什么：整合公司的资源，按照实际情况实施。

你能给什么：结合自己的权限盘点相应的资源。

关怀需要什么：对方需要的东西。

二、单点切入

评估完以上的资源和权限，还要从以下三个方面进行细化（如图5-6所示）。

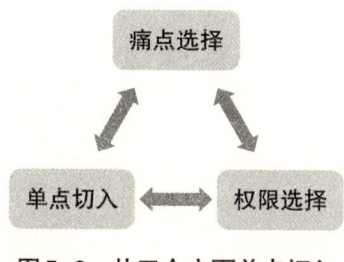

图5-6 从三个方面单点切入

（一）痛点选择：多数人和关键人物

在员工需求调查中会收集到非常多的需求，需要筛选多数人的需求和领导关注的点进行关怀。

（二）权限选择：个人拥有或可以借用的

评估自身权限内拥有的或者能借用到的外部资源，如上司、老板等的资源。

（三）单点切入：选择自己擅长或有挖掘潜力的点切入

在众多的需求中，评估哪些是自己擅长的、哪些是有潜力可挖的。比如在做员工离职关怀时，通过政策的调动，可以完善新员工入职体系、优化员工薪酬体系、改善绩效体系、搭建人才培养体系和职业规划体系，即可以通过一个点慢慢参与整个公司各方面HR工作的开展，这就是可挖掘潜力的点。

但有一些潜力过大的项目，超出了 HR 自身的能力范畴，如果不紧迫的话，则须暂时搁置。特别是在你刚入职一家新公司时，更要找自己擅长的点切入，不求有功，但求无过。

谨记循序渐进，切忌贪大求全。

第4节

关联机制

要让项目成为相关部门人员的动力需求，就要从制度和流程层面进行规范和约束，使员工关怀项目成为相关岗位的职责。

很多HR喜欢把降低离职率的指标硬挂到部门主管的绩效考核指标里。这一做法从理论上说是合理的，但从实操上说很难推行下去，因为这额外增加了部门主管的工作量，人家凭什么要配合HR的工作？降低离职率是HR的工作，用人部门只负责"用好人"。

于是矛盾就这样产生了。

所以，如何将员工关怀的工作关联到制度中，让相关人员毫无违和感地接受并执行呢？

在前期的项目推进阶段，应以正激励为主，当发现这些正激励不足以支撑项目推进的时候，再考虑用惩罚手段。

在做需求确认时，我们能够发现并不是所有人都只关注金钱和物质，HR需要充分了解员工的非物质激励需求。

第一类员工诉求：解决自己当下的问题。受困于高离职率，有些部门的业绩难以达成，它们想通过员工关怀降低离职率。针对这一类诉求，只要让他们逐步掌握降低离职率的方法即可，因为他们的需求就是解决问题，不需要物质或金钱奖励。

第二类员工诉求：提升能力。部门的离职率目前控制得还可以，但是有提升空间的部门。有部分员工想通过这个机会、平台，在能力上获得更大的延伸，他们的需求就是能力得到提升。

第三类员工诉求：实现自我价值。这部分员工在部门内没有承担管理职能，但是有这个发展意向，需要一些练手的平台，获得施展的机会，他们的需求类似实现自我价值。

第四类员工诉求：金钱和物质。这些员工就是冲着100元、200元的奖金来的，奖金虽不多，但是有总比没有好。

因此在设置激励关联制度时，在员工关怀项目开始的前期，做好了要给予奖励，没做好的先不要给予惩罚；在项目的中期，正负激励相结合；后期则可以将正负激励的比例适当微调。

关联制度涉及激励制度和流程，当我们把以上的步骤都做好了，就可以开始撰写员工关怀的具体方案了，那么，在方案的评估过程中，有哪些需要注意的事项呢？

第5节

确定方案

用5W2H的方式确定、输出方案后，可以通过以下几点进行评估（如图5-7所示）。

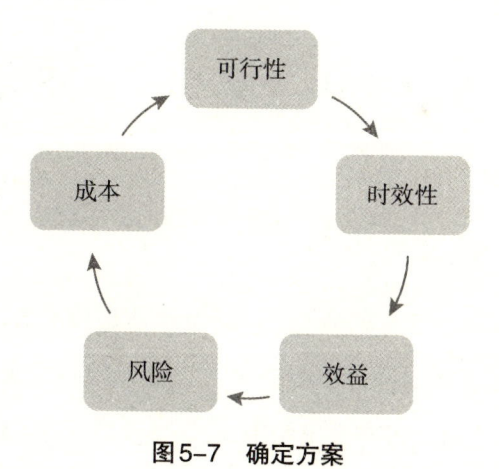

图5-7 确定方案

一、可行性

评估方案是否是理论上可操作、但实际上实行不了的。

二、时效性

评估方案解决问题的时间是否足够短，如果是，那么这就是一个好的方案。

三、效益

评估方案在多大程度上解决问题。

比如目标是将离职率降低10%，如果通过方案让离职率下降了30%，这个方案的效益就非常明显，但如果只降低了1%~5%，效益就不是很明显。

四、风险

有些方案做好了效果不大，一旦没做好，却会带来巨大的风险。

五、成本

显性和隐性成本。

比如花钱外请专家做培训，如这个培训必须要做，就要对方案进行适当优化，如抽调骨干出去学习，回来后再做内部培训推广，虽然就效果来说可能没有专家做得好，但是最基本的问题可以解决，节省了公司请专家的显性费用。老板关注的是实际花了多少钱，不会关注学习过程中损耗的工时，学习摸索中花费的时间，这些都是隐性的成本。

下面就通过一个案例展示一下方案评估后的取舍问题。

案例智库

表5-3 方案评估（员工关怀创新方案评估）

	评估标准 可能方案	可行性分	时效性分	效益分	风险分	成本分	总分	优先顺序
1	建立完善的员工访问制度	3	1	3	-3	-9	-5	
2	春节帮员工买火车票	3	9	1	-9	-9	-5	
3	根据员工的爱好，定期组织各项活动与体育赛事，每年组织春秋两季员工运动会	9	1	2	-1	-3	8	8
4	在食堂播放音乐	9	3	9	-1	-3	17	2
5	开展员工心理培训工作	1	1	1	0	-9	-6	
6	组织交友会/相亲会	9	3	1	-3	-1	9	7
7	员工反映的问题由专门的渠道及人员去处理	9	3	1	0	-1	12	5
8	创建员工自由交流平台（班组微信群）	9	9	3	-3	-1	17	2
9	帮助员工解决子女上学问题	1	1	9	-9	-9	-7	
10	绩效公开张贴与部门宣传栏	9	3	9	-1	-1	19	1
11	产能质量排名公布	9	3	9	-1	-1	19	1
12	各部门结合实际推广3-5分钟工间操	9	3	3	-1	-1	13	4
13	组织技能大赛	9	1	3	-1	-3	9	7
14	建立匿名问卷调查制度	9	1	3	-1	-1	11	6
15	员工关怀委员提前进行离职面谈	9	3	3	0	-1	14	3
16	发放员工生日贺卡	3	1	0	-3	-1	0	

- 备注

评估标准：
可行性是指与公司整体方针规定的符合程度，时效性是指方案实施周期的长短，效益是指方案对问题解决的贡献度，风险是指方案失败或带来负面影响的可能性，成本是指实施方案所需要投入的总成本（包括硬软件、前期投入和后期维护成本）。

评估分数：H=9分　　M=3分　　L=1分　　无=0分

如上表所示的员工关怀创新方案评估，它根据可行性、时效性、效益、风险、成本五个维度评分，分值为9分、3分、1分、0分四档。

可行性、时效性、效益三个是正向的维度，得分为正分。风险、成本两个是有风险的负向维度，得分为负分。

比如，某个方案和公司的条件很符合，可操作性很强，那么可行性可以打9分；如果大家觉得还行，但实施中有点小困难，就打3分；如觉得可行性一般，聊胜于无，就打1分；如果觉得完全没有可行性，就打0分。时效性、效益项的评分以此类推。

又如某个方案风险太高，很容易导致失败，那么可行性就打–9分；如果发现这个方案有一定的风险，但是在可控范围之内，就打–3分；如果评估发现有风险，但风险很低，就打–1分；如果发现没有风险，就打0分。成本项的评分以此类推。

以上为打分的逻辑。

把各项得分相加得出总分，再输出结果。

凡是得分为负分或者零分的舍去不做，因为这些事做了不但没效果，还有可能会出问题。

得分为正分的要结合自身的条件来做，再按分数高低排序，得分越高的方案，优先级越高。

为了方案评估的公正和合理性，笔者强烈建议不要自己一个人评估，最好召集几个人一起评估，特别是配合自己做员工关怀的部门主管和本部门的同事一起，大家共同决策，让大家都知道，为什么某个方案不能做、原因都是什么，等等，便于大家达成共识，促进后续项目的推进。

综上所述，要做好激励型员工关怀方案的设计需要注意以下几点。

1. 在实际工作中要不断细化、优化"七步聊天法"，以便精准获取自己想要的信息。

2. 充分用好"需求评估模型"，用产品思维做好员工关怀，为员工提供极致的体验。

3. 通过将员工关怀项目关联到公司的制度和流程里，撬动整个公司的工作。

4. 确定方案时需要充分评估方案的可行性、时效性、效益、风险、成本，让方案能真正落地。

第六章

"稳扎稳打"
实施员工关怀方案

第六章 "稳扎稳打"实施员工关怀方案

许多HR在推动项目时步伐迈得太快，急于求成，其实这样很容易陷入死局。

比较常见的状态是：项目失败，员工和老板都产生了不好的情绪：

"启动会上，各部门负责人均表示配合HR推行员工关怀项目，可是真正到推行阶段时，大家都退避三舍。"

"为什么刚开始领导很支持我做的员工关怀方案，后来再汇报工作进度时他就很冷淡了，我是哪儿做错了吗？"

"员工平时抱怨公司没组织过团建活动，可当我准备包几辆大巴车组织外出旅游时，又个个不情愿，为什么前后的反差这么大呢？"

本章将重点讲解员工关怀方案在实施推动过程中的状况处理，特别是如何从无到有地顺利推动一个新项目的实施。

第1节

有效规避项目启动陷阱

为了避免让项目陷入死局，HR要注意有些问题是可以在项目启动前就解决的，尽量不要把这些问题带入项目推进的过程中。

一、规避要素

要有效地将项目一步步地稳扎稳打地推动下去，就一定要在项目启动之前规避以下陷阱（如图6-1所示）。

良机	良策	良人
基础机制	各方利益平衡	诉求
权力范围	自上而下	权力
多数人的"痛点"	自下而上	能力
关键人物的"痛点"	上下结合	潜力

图6-1 项目启动前要规避的要素

（一）良机

首先，在项目启动、评估选择的时机是否合适时，需要充分考虑以下几个方面的因素，如公司是否具备基础机制、自己的权力有多大、项目是否是多数人的"痛点"、是否是关键人物的"痛点"等。

1.基础机制

比如，最近公司的离职率很高，HR想做员工离职率分析，并最终将员工离职率纳入用人部门的绩效考核。可是在分析时却发现，之前没有配套离职机制——没有面谈记录，没有离职数据，甚至有员工离职交接表都没有签就离职了，更严重的是，离职流程里没有涉及任何需要HR做的工作。在这种情况下，离职率分析和考核是没法做的，因为连基础的机制和流程都没有。

因此在项目启动前，需要评估公司的配套机制、流程能不能给予项目相应的支撑。

2.权利范围

假如你自己是一名HR专员，刚入职新公司。在这种情况下，你无法要求其他部门主管配合你的项目的实施。而假如你是HRD，掌握着大多数人的晋升、调薪、考核等大权，做项目推行时别人就可能让你三分，配合度高一些。

这就是要合理评估自己的权利范围。

3.多数人的"痛点"

如果用人部门的离职率较低，保持在合理的范围内，而且招人也好招，部门主管也希望保持一定的人员流动性，目前这样的状态，部门主管认为挺好的。那么此时HR如果推行降低离职率的项目，就不是多数人的"痛点"。用人部门会认为"HR果然不干人事、瞎折腾"，然后设置重重阻力。

所以，选择项目时要评估项目是否是多数人的"痛点"。

4. 关键人物的"痛点"

如果自己的上司或者公司的老板都认为某个项目可做可不做，不是目前急需解决的问题，这个项目的推行多半不会顺利，因为得不到上级有力的支持。就算成功了，关键人物也不认为这个是HR的成绩，而会认为你方向偏了、做无用功，因为它不是关键人物的"痛点"。

（二）良策

使用好的方式、方法可以事半功倍，反之则会困难重重。

1. 各方利益平衡

良策一定是兼顾到各方利益的，有可能是实际的物质利益，也有可能是精神层面的利益，同时也要在公司、老板、公司高层、部门、部门上司和自己等各方的基础上，寻求一个利益的平衡点，把握住这个平衡点，项目的推行才有"动力"。

2. 自上而下

良策的选择还要考虑一个好的推行方法。很多HR，特别是"空降"的HR，在推行项目时喜欢用自上而下的方法。项目能不能成功尚且未知，就从老板开始，开会宣贯，大张旗鼓、轰轰烈烈地在全公司推行，而到最后灰头土脸、草草收场的不在少数。

自上而下地推行项目需要具备什么基础呢？

整个公司的基础设施建设配套齐全。

整个公司的文化制度建设完善。

整个公司的执行力非常强。

但是目前大多数企业都不具备这样的基础，尤其是中小型企业，你会发现，每次新颁布一项制度，都有公然对抗的、看笑话的、暗地里"使绊子"的、阳奉阴违的，各种人都有。这时，HR就是站在明处当靶子，而如果你又恰好只是个专员，自身没多大的权限，最终肯定逃不脱一个失败。就算你是HRD，也只不过挣扎的时间稍微长一点，结局是不会变的。

3.自下而上

项目的推行要从公司的基层着手，先不去触碰中高层的利益，等基础打好了再往后逐步推行，这就是我们常说的"农村包围城市"。

4.上下结合

配套机制较规范的公司的执行力相对小企业来说好许多，公司的文化氛围可能还不错，HR在公司也有一定的地位和话语权。此时就可以用上下结合的方式来推行项目，一边从上到下、充分借力、全面铺开，一边自下而上地做好基础工作，这样推行成功的概率就比较大。

项目推行的办法，归纳一下就是这三类，推行时要因时、因势灵活运用。

（三）良人

推行项目时，选对关键的人非常重要。时机选对了，方法选对了，到最后，人没选对也会功亏一篑。选人的时候需要从当事人的诉求、权力、能力和潜力四个方面进行考察和评估。

这里最关键的是个人的诉求，主要看当事人的需求是否与项目吻合。

比如，公司HR在招聘、面试技术工程师的过程中清楚地知道每个人的职业发展诉求。通过评估排序，选出了其中一个需求较强烈的技术工程师，在经过深入沟通、确认了他的提升需求后，确定由他来做员工培训项目的专员之一。由于他有这个需求，所以他对项目的推动很积极、很负责。

二、注意事项

规避了以上项目启动的陷阱，启动员工关怀项目之前还需要注意以下事项（如图6-2所示）。

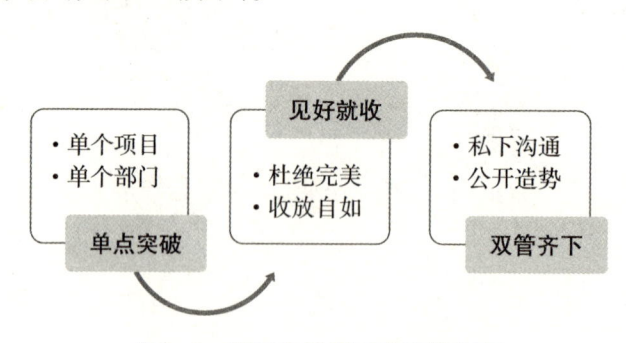

图6-2 项目启动前要注意的事项

第六章 "稳扎稳打"实施员工关怀方案

(一)单点突破

在选择单点突破时,要注意先用单个小项目在某一个或几个部门试行,如果条件或能力允许,可以选择在几个部门同时进行。

比如,负责员工关怀的HR写了好几十条关怀方案,条条都要投入金钱。项目在公司全面铺开推行,结果刚启动就推行不下去了,因为公司当时的情况是员工流失率较高、订单积压严重,上至高层,下至各部门,天天加班赶进度,根本没有时间考虑团建、园区活动的事。中高层股权激励老板只是顺带提了一下,但都不是当下的重点,因为大家都清楚,订单赶不出来,股权激励只是黄粱一梦。此时正确的做法是启动员工离职关怀,并且深入生产核心部门,帮助用人部门解决当下最"火烧眉毛"的问题。

(二)见好就收

在项目的推行中,一定要避免完美主义,不能要求效果十全十美。

假如原来员工离职率是30%,项目的目标是降到10%,但是,如果无论如何努力都达不到目标,那么如果能降到20%或者15%也已经非常不错了,至少相较之前改善了许多。不要要求结果一步到位,避免完美主义,见好就收,能有成效。

同时,在项目启动之前,一定要做两手准备,一个是成功的准备,一个是失败的准备。成功了最好,失败了也不至于成为其他部门攻击的对象,这就是做项目要的收放自如。

163

（三）双管齐下

很多HR在推行项目时常犯的错误是，自己做好了整个项目的方案，包括涉及的相关制度、流程、奖惩措施等后，就立马交给老板签字，之后形成文件发布，再开动员大会，高调宣布项目开始全面启动。笔者可以很负责任地说，这种操作模式失败的概率非常大。

为什么呢？

对于HR做的方案，中高层和其他部门可能不认同，大部门员工可能有意见，即使老板签字同意了，中高层和其他部门的抵触情绪也会很大："方案在我部门根本就实施不了，为何HR不先和我们商量一下呢？总是拿老板来压，HR总是自说自话，永远站在自己的角度考虑问题，不顾别人的感受。既然你们这么厉害，那自己来做吧，我看着你们做就好了。"

又如，公司周末组织团建活动，HR包了好几辆大巴，可临出发时才来了没几个人，员工各有各的理由：好不容易周末了，约了家人有事；约了同学聚餐；要睡懒觉；要加班；上夜班了需要补觉；等等。

这就是事前没私下做好沟通、了解员工和部门的需求带来的尴尬收场。假如提前和部门沟通好，并将团建时间选在生产不忙、大家都方便的周一至周五的时间，员工才会觉得这是"带薪旅游"，"赚到了"，才会积极配合HR参加活动。

所以，启动项目前一定要事先做好私下沟通，一方面让其他部门感受到人力部门对他们的尊重；另一方面做摸底，以便确认方案是否是业务部门需要的。这样才能做适当的调整、优化，不至于造成尴尬的局面。

同时还要注意操作方式，不能一个方案刚做好就在公司内部群发邮件。如果方案有漏洞，其他部门是提意见还是不提呢？意见提了，HR是改还是不改呢？不改，其他人会认为提意见没啥用；改了，其他人会认为HR不专业、考虑工作不全面——方案漏洞这么多就发出来；还有人会认为——HR好懒，连一个方案都要大家来提意见。那么这时，公司中高层会怎么看HR？

所以，做好沟通，把矛盾提前解决，再公开造势。双管齐下，成功的概率会大得多。

三、关键要点

做好了以上几点，项目的前期推行还要注意下面几个关键点（如图6-3所示）。

- BOSS的要求
- 部门领导的要求
- 其他部门领导的要求
- 员工的强烈呼吁

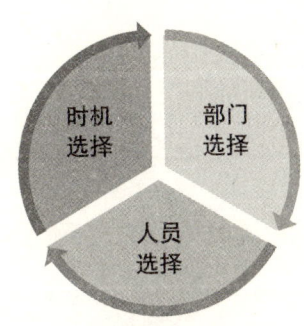

时机选择

部门选择
- 自己部门
- 关系最好
- 最易见成效
- 最"怕事"

人员选择
- 理念一致
- 共同需求

图6-3 项目推行前期要注意的点

（一）时机选择：顺势而为

首先，评估项目是否是公司老板的要求，如公司老板都等不及了、要求尽快推行，这时就要顺势而为，马上着手推进项目。

其次，评估项目是否是部门老大的要求，如果是，项目的推行至少可以借到他的势，能够顺利开展。

最后，还要评估项目是否是其他部门老大的要求和员工的强烈呼吁，如果是的话，基于实际情况，如果上级和老板不反对，就可以推行，因为项目在推行时其他部门会全力配合，员工会积极响应，那么项目的推行自然顺风顺水。

（二）部门选择：把握最大

部门的选择，也就是地点的选择，这里讲究选择HR把握最大、成功概率最高、配合度最高的部门。

首选自己部门，其次选择关系最好的部门，因为项目在这些地方推行会相对顺利。

如果没有关系好的部门，就要选择最易见成效的部门，因为见效最快，很容易得到正向反馈，获得大家的认可。

（三）人员选择：共同利益

选择合适的人。前期启动时要首选理念与自己一致的人，这样可以保证方向、目的一致。其次可选择与自己有共同需求的人，虽然理念可能不十分一致，但至少目前他有这个需求，也是可以团结的对象。

万事开头难，做好了启动工作，员工关怀项目已经成功了一半。接下来就进入了项目实施阶段。

第 2 节

项目执行步骤

员工关怀方案的执行步骤可分为化整为零、工作结合、层层推进、见缝插针四步。

一、化整为零

做员工关怀方案的目的是降低员工离职率。这项工作整体上看有点无从下手,仅是做员工离职面谈就可以了吗?肯定不是的。于是我们在降低员工离职率的大项里拆分出了许多小项目如新人入职、解决纠纷、异常处理、员工申述、职业规划、员工激励等。就算A项目、B项目推不动,还有C、D、E、F等项目可以推——化整为零的好处就是可以降低推行的难度、降低项目推行的阻力。

二、工作结合

毫无违和感地和其他部门的工作相结合。

案例中新人入职这一项的执行内容是指定老员工带新员工,

执行标准中写道：新员工分配到现场后，要第一时间指定一名老员工负责照顾新员工这段时间的工作。这本来就是用人部门的分内之事，并没有额外增加该部门的工作量。方案只是在对部门的工作进行分析后，再加以进一步的细化和拆分，将其以项目的形式推动而已，对用人部门而言，在做好本职工作的基础上还能有奖励，何乐而不为呢？

因此，只有将方案和用人部门的工作相结合，才不会额外增加其工作量，还能降低用人部门的抵触情绪，同时也能为后期绩效考核阶段数据的统计打下基础。

三、层层推进

对于新人来说，一步切入在岗培训、晋升培训等的难度太大，也不现实，因此从新人入职开始，应先解决日常的管理异常、处理日常纠纷、协调日常管理关系，同时处理日常投诉、申述，再逐步过渡到员工周面谈、员工职业调查、员工中短期职业规划等，层层不断递进延伸。这样，就通过员工关怀项目，做通了HR的整个模块。

四、见缝插针

日常工作中任何能与员工关怀工作关联起来的工作，都可以去做。

比如，利用各部门公布绩效的工作，对绩效排名前三的员工进行奖励，营造人人争先的氛围。

做好了项目实施工作，接下来就是跟进项目实施，那么，通过哪些行为和数据可以判断项目的进展是否顺利呢？如何规避项目的异常呢？

化整为零　工作结合　层层推进　见缝插针

图6-4　员工关怀方案的执行步骤

可能之前一直有伙伴对执行步骤（如图6-4所示）有不同的理解，那么为了表述得更清晰，就以下表为例，直观地展示员工关怀项目的执行。

表6-1 员工关怀执行方案1.0

类别	序号	项目名称	项目内容(What)	执行标准(Who, How, How many)	执行时间(When)	地点(Where)	周期(When)	频次(How many)	目的(Why)	责任人(Who)	协助人(Who)	确认人(Who)	备注
新人入职	1	迎接新人	1.1 早晚会上请新人进行自我介绍	a.新员工自我介绍内容包括：姓名、家乡、之前的职业（年龄、婚姻状况随意） b.逐个让新人上前面向老员工做自我介绍，时间控制在30秒内 c.请大家在新人介绍完毕时鼓掌欢迎 d.介绍负责传帮带的老员工的姓名、岗位、指定理由（传递正能量，是一个激励优秀老员工的机会） e.请大家对老员工为团队传帮带作出的贡献进行鼓掌感谢	早晚会 8:00/20:00	（部门）开早会地点	30秒/人	1次/新人入职	使新员工更好地融入团队	早会主持人	无	范xx	
		1.2 请大家欢迎新人入队											
		1.3 向所有员工介绍负责传帮带的老员工											
		1.4 请大家感谢老员工积极帮忙带新人											

第六章 "稳扎稳打"实施员工关怀方案

续表

类别	序号	项目名称	项目内容(What)	执行标准(Who, How, How many)	执行时间(When)	地点(Where)	周期(When)	频次(How many)	目的(Why)	责任人(Who)	协助人(Who)	确认人(Who)	备注
新人入职	2	指定老员工带新员工	2.1 新员工分配到现场时老员工指定一名老员工负责照顾新员工这段时间的工作	a.相互认识（记住对方的名字）b.老员工须告诉新员工附近的生活区、饮食地点、作息时间等 c.前三天，组长要检查每个老员工对新员工的教导成果，检查新员工是否按照规定要学会了标准作业手法，后几天抽查	新员工刚分配上岗时	生产车间	3分钟/人	1次/新人入职	营造良好的老带新的气氛	班组长	本部门主管	范xx	《新员工入职一周访谈记录表》
			2.2 制作《新员工入职一周访谈记录表》；老员工要教导其业员工工作	d.老员工对新员工要有问必答，同时要向新员工传速正能量									
			2.3 要求老员工负责新员工第一周的思想动态和工作	e.组长要告诉老员工的作业手法不对就是他的问题									
			2.4 告知老员工，如发现新员工有异常状况要报告至直接主管处	f.当新员工出现工作不积极、学习不努力、效率品质不正常、情绪异常、行为举止反常等情况时，老员工须马上汇报至直接主管处									

续表

类别	序号	项目名称	项目内容(What)	执行标准(Who, How, How many)	执行时间(When)	地点(Where)	周期(When)	频次(How many)	目的(Why)	责任人(Who)	协助人(Who)	确认人(Who)	备注
新人入职	3	及时关注新员工第一周状况	一线干部须每天在每名新员工身上花几分钟的时间,在快下班的时候与他做一个简单的沟通,询问他的工作难处,鼓励员工发声	a.工作难处：作业标准还有什么不清楚的；设备有无不清楚的；产品的情况有无不了解；跟同事之间的关系如何；对周围环境有什么不了解的(人、机、料、法、环) b.组长可以当众表扬新员工,表现不好的尽量私下里指出来	下班前10分钟	生产车间	3分钟/人	1次/新人入职	使新员工感觉得到重视	班组长	本部门主管	范xx	
解决纠纷	4	解决小纠纷,防患于未然	发现员工之间存在小的纠纷,要在小以上处了解问题和原因(当事人双方、目击者)、沟通、处理	a.发现问题后至少从三个人以上处了解问题和原因(当事人双方、目击者) b.发现小问题后要及时处理,最长不超过当天	第一时间	车间或其他安静的场所	15分钟	1次/人	避免后续关系/事态恶化	班组长	本部门主管	孙xx	

续表

类别	序号	项目名称	项目内容(What)	执行标准(Who, How, How many)	执行时间(When)	地点(Where)	周期(When)	频次(How many)	目的(Why)	责任人(Who)	协助人(Who)	确认人(Who)	备注
解决纠纷	5	协助主管处理重大纠纷	发现员工之间存在大的纠纷或矛盾时，第一时间协助部门主管处理，并及时上报至管理部相关单位	a.至少从三人以上处了解问题：当事人双方、目击者 b.问题发生后，干部必须在5分钟内将问题上报部门主管和管理部相关单位 c.干部应第一时间去问题现场控制场面，并主动配合部门主管处理问题	第一时间	问题现场	30分钟			班组长	本部门主管/员工关系	孙xx	
处理异常	6	及时回复，安抚员工	对于短期内不能解决的环境问题，当有员工提出抱怨时，主管应向员工反馈处理进度，同时向员工展示公司已完成的改善环境的措施	a.干部须向员工约定反馈时间 b.应私下和员工单独沟通交流 c.干部要向员工展示在改善前是什么状态、改善后是什么状态 d.时间控制在5分钟内	空闲时	车间或其他安静的场所	5分钟	1次/周	解决员工的合理需求，促进生产车间的和谐	班组长	本部门主管	孙xx	

173

续表

序号	类别	项目名称	项目内容(What)	执行标准(Who, How, How many)	执行时间(When)	地点(Where)	周期(When)	频次(How many)	目的(Why)	责任人(Who)	协助人(Who)	确认人(Who)	备注
7	处理异常	处理"负能量"事件	当发现"负能量"员工时,第一时间了解这些员工的心态和诉求,根据这些诉求进行心态状况重点关注评估	a.个人合理需求未得到满足的,组长应通过合理渠道帮他/她申请,同时组长要与员工约定反馈时间 b.如果属于个人性格问题,无法改变,则应重点关注	第一时间(半天内)	车间或其他安静的场所	10-30分钟/人	1次/人		部门主管/组长	员工关系	孙xx	
8	开辟通道,了解需求	日常早会宣导;排解异常	在日常开早会时宣导,鼓励员工有合理需求时主动反馈至部门主管处或员工关系专员处	a.时间控制在30秒内 b.当员工提出合理需求时,要对其个人进行当面表扬,对于能多次提出合理需求的员工,开早会时要口头表扬 c.什么是合理需求:符合公司规章制度的,在员工的能力范围内通过多一份努力能够得到的,在部门主管权限范围内的	早/晚会 8:00/20:00	部门开早会的地点	30秒	1次/周	解决员工的合理需求,促进生产车间的和谐	班组长	本部门主管	孙xx	

174

续表

类别	序号	项目名称	项目内容(What)	执行标准(Who, How, How many)	执行时间(When)	地点(Where)	周期(When)	频次(How many)	目的(Why)	责任人(Who)	协助人(Who)	确认人(Who)	备注
沟通交流	9	定期组织员工交流	每月组织一次自己所辖区域内的所有员工之间的交流会	a.时间不宜太长，控制在1小时内 b.人员为所辖区域员工；组织者为组长/领班 c.交流些内容：员工发现的问题和自己能做的改进；员工自己的合理需求；员工自己这一个月内有哪些收获	当月中的任意一天	适合开会的场所	30-40分钟	1次/月		班组长	本部门主管	孙xx	
职业规划	10	员工周面谈	每周撰写本部门员工面谈计划，填写《员工面谈与调查记录表》，由员工关系专员协助部门主管对部门员工完成情况逐个调查，并将需求反馈给相关部门	a.面谈时间10-25分钟/人 b.包含员工的背景、性格特点、关注需求、对自己未来的期望 c.干部约定好面谈人、面谈时间、面谈地点、面谈内容 d.面谈后干部立刻做记录（1小时以内）	每周周末做计划，其他时间执行	生产车间	15-20分钟/人		让员工在公司得到成长与进步	班组长	本部门主管	孙xx	《员工面谈与调查记录表》

续表

类别	序号	项目名称	项目内容(What)	执行标准(Who, How, How many)	执行时间(When)	地点(Where)	周期(When)	频次(How many)	目的(Why)	责任人(Who)	协助人(Who)	确认人(Who)	备注
职业规划	10	员工周面谈		e.记录内容：员工在公司和本部门的中短期的职业规划、员工对目前自己和公司的看法、工作状况、生活状态（可以不写）（注：短期是3个月左右；中期是3个月-2年）。f.切合实际的标准：符合公司规章制度的、在员工的能力内通过努力能够争取到的									
	11	员工调查与规划	根据《员工面谈与调查记录表》的信息，针对其中较为上进的员工，共同确定这些员工在公司和本部门中切合实际的中短期职	a.干部须提前半天约好时间、地点、对象b.时间控制在10-25分钟/人c.检查职业规划的实施：检查职业规划对象这两三个月来的收获与成就，同时还有哪些不足的地方	每季度第三个月的月底	每个部门车间相对安静、方便的地方	25分钟/人	1季度/人		班组长	本部门主管/员工关系	孙xx	《员工面谈与调查记录表》

第六章 "稳扎稳打"实施员工关怀方案

续表

类别	序号	项目名称	项目内容(What)	执行标准(Who, How, How many)	执行时间(When)	地点(Where)	周期(When)	频次(How many)	目的(Why)	责任人(Who)	协助人(Who)	确认人(Who)	备注
职业规划	11	员工调查与规划	业规划。做好记录，在日常工作中实施，以季度为单位，定期与员工检查个人职业规划的达成状况										
员工激励	12	推荐人才	定期关注身边的员工，当发现有潜力的人时，与他/她进行沟通确认，并推荐给部门主管和公司，让该员工参加相对应的岗位培训和调岗，给予其发展平台	a.多方面衡量员工是否有潜力：思想道德、工作配合度、产能、品质、工作积极性、讲话方式和技巧、做事的熟练程度、与同事之间的关系是否融洽等 b.定期关注：每天上午、下午巡线时；审核员工的生产报表时；与线长进行交流时 c.确认他/她是否有提升自己的意愿	公司通知提报相关培训报名时	生产车间	3分钟/人	1人/次		组长/部门主管	助理/培训中心	李xx	

177

续表

类别	序号	项目名称	项目内容(What)	执行标准(Who, How, How many)	执行时间(When)	地点(Where)	周期(When)	频次(How many)	目的(Why)	责任人(Who)	协助人(Who)	确认人(Who)	备注
员工激励	12	推荐人才		d.在与主管工作交流的时候推荐该新员工,如果适合其他部门,可以鼓励员工自荐,或是由干部统一推荐给管理部									
	13	试用期转正	对试用期的员工,根据员工的日常表现,让优秀的员工转正	a.表现确实优秀的标准是:品行、产能、品质、积极性俱佳 b.与他/她沟通确认 c.每个月月底部门主管按期提交至管理部赵××处	月底/月/新员工入职时	生产车间	3分钟/人	1次/月		部门主管/组长	人事	赵××	

178

第3节 耐心跟进项目实施状况

很多HR都知道做项目的时候先做规划，并且按步骤安排执行，但通常情况下，在操作过程中还是会出现一些信息断层，原因可能是在每个步骤的跟进方面出现了问题或者跟踪的关注重点方向错了。

因此，我们在做项目实施跟进的时候，要分阶段地关注重点行为和其他内容（如图6-5所示）。

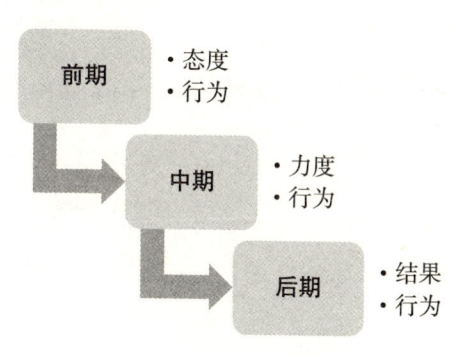

前期 · 态度 · 行为

中期 · 力度 · 行为

后期 · 结果 · 行为

图6-5 跟进项目实施

一、前期

一步到位是不现实的。用人部门能配合项目实施，HR就应该暗自庆幸。HR在项目前期需要做的工作是观察哪些人态度良好、配合项目推行，暂时先不必关注结果如何，因为这是能力的问题。要对态度良好、积极配合者给予表扬，按照标准对做得不正确的部门进行指正，也是对员工进行的关怀工作。

二、中期

到了项目的中期，要逐渐关注项目的效果，此时要关注项目实施的力度和行为。假如项目有十几个，就要关注相关部门是全部都在认真推行，还是敷衍了事地只做了两三个。此阶段还未真正关注到结果，主要关注过程是否严格符合项目的要求，以及执行的力度如何。如果相关部门严格按照项目的要求执行了，但是效果不明显，那就说明项目的方法可能存在问题，需要检查和完善。

三、后期

进入项目后期，就要关注结果。如果相关部门的前期态度良好、积极配合工作；中期执行力度到位，按照项目标准实施；到最后却发现结果差强人意或没有效果，就要反思、调查分析是哪个环节出现了问题。是对方阳奉阴违？还是态度和力度的问题？还是一板一眼、严格按照要求执行到位了，但就是没有效果？

基于"前期的态度、中期的力度、后期的结果"分析评估到底是哪个环节出现了异常，并细心协调项目实施过程中的异常。

第4节

项目实施异常分类

项目实施过程中的异常，汇总分类后，归根结底，无外乎以下四点（如图6-6所示）。

- 非"痛点"
- 触碰利益
- 错误决定

- 触碰利益
- 占用精力
- 激励不力

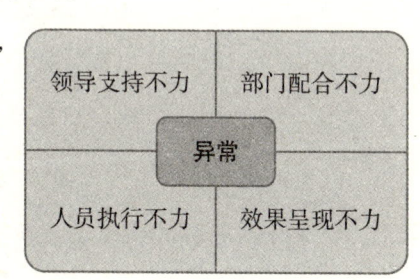

领导支持不力　部门配合不力

异常

人员执行不力　效果呈现不力

- 触碰利益
- 面太广
- 占用精力

- 方法不对

图6-6　项目异常的种类

一、领导支持不力

（一）非"痛点"

领导可能并不关注这类项目，觉得可有可无。例如，HR向领导申请和外单位做一场联谊活动，领导只是不咸不淡地回了句："你们想做活动就去做吧。"言外之意，这个活动不是领导的"痛点"，他的内心并不是很支持，但是又不想打击大家的积极性。这类项目能从领导处得到的支持和资源较少，自然取得不了想要的效果。

（二）触碰利益

有些HR在推行项目时搞不懂领导的意思，也不懂关键人物和老板之间的利益关系，一谈到员工关怀，第一反应就是向老板申请经费：项目需要发奖金、定期要发慰问金、组织团建活动需要资金、薪酬激励需要资金、提高员工工资也需要资金等。

比如，老板提出要搭建内部人才体系、要招募储备人才为各个项目开展做准备，并告诉HR要尽快落实。HR了解了一些情况后，安排了工作计划并汇报给老板：目前公司薪资在市场上不具备任何优势，福利待遇也不具备任何优势；公司老员工离职的原因主要是因为基本工资低，加上没有社保。

HR向老板提出，希望得到老板的支持，先提升员工的社保待遇，这样在招人时能够增加筹码。

老板说："嗯，这个你们看着协商一下，我觉得提升福利也不是不可以，但是销售人员得为公司创收。"

老板心里其实在想："项目都还没开始，一点成效都没见着，就让我先掏这么多钱出去，招HR过来做什么？！"于是该项目不了了之。

这就是为什么许多员工关怀项目得不到老板的支持之原因——HR不站在老板的角度考虑，老板为什么要支持你？

（三）错误决定

有时在项目前期的策划阶段领导很支持，但到了后面再去汇报的时候却发现领导对这个项目很冷谈。HR百思不得其解，为何前后的反差这么大呢？后来又试探着汇报了一次，终于明白原来是领导觉得前期决定做错了，但是又不好说是自己决定错误，只好"冷处理"。这就需要HR时刻关注领导的态度，及时做好方案的调整。

二、部门配合不力

（一）触碰利益

有时别的部门不愿意配合HR推行的项目，说到底还是因为触碰了这些部门的利益。

比如，有些新员工入职的关怀项目要求用人部门在某个时间段做几场员工谈话，并规定了怎么做、效果如何等。此时用人部门心里就"不爽"了，"大家都是平级，HR凭什么指挥我工作？"这就是因为触碰到了用人部门的自尊，也是精神利益。

（二）面太广、占用精力

项目展开得太广就容易失控。在众多项目中，有些项目是别人想配合的，有些项目是别人不想配合的，最后由于项目过多、过于麻烦，占用了人们非常多的精力，人们慢慢地变得不愿意配合了。

三、人员执行不力

这里的"人员",可能是部门主管,也可能是部门中配合的执行人员,如果他们不愿意配合,那可能是触碰到他们的利益、占用他们过多精力了,和上面的情况一样,还有一种可能是激励不力。

比如,之前提到的联谊活动参与者寥寥无几。调查后发现是因为周末时间,大部分员工都提前安排好了自己的活动,被占用了心里"不爽";还有很多员工是周五上了夜班在补觉;还有一些员工觉得联谊活动没奖品,宁愿在公司加班等。这就是激励不力,导致员工不愿意配合。后来HR做了调整,先去了解大家不忙的空闲时段,再找一个合适的理由,将时间安排在周五的晚上,这样第二天可以休息,大家可以自己掌握时间,活动还设置了不少互动游戏,参与者都有奖品。经过这样一调整,效果明显提升了。

四、效果呈现不力

有时项目之所以效果不明显,原因是方法不对,或者执行的方案本身有问题,以致达不到想要的结果。

比如,降低离职率的项目原定目标是降低30%,可是执行了一段时间后发现只降低了5%,与目标相去甚远。经检查发现,用人部门积极配合工作并严格按照项目的要求执行了,也不存在能力上的问题。这时就要反思是否是项目本身出现了异常,要用逆推的办法逐条梳理、及时优化、改进。

那么,出现了以上种种异常,我们该如何破解呢?

第5节

破解关键不利因素

这里所指的不利因素，一般指如图6-7所示的几点。

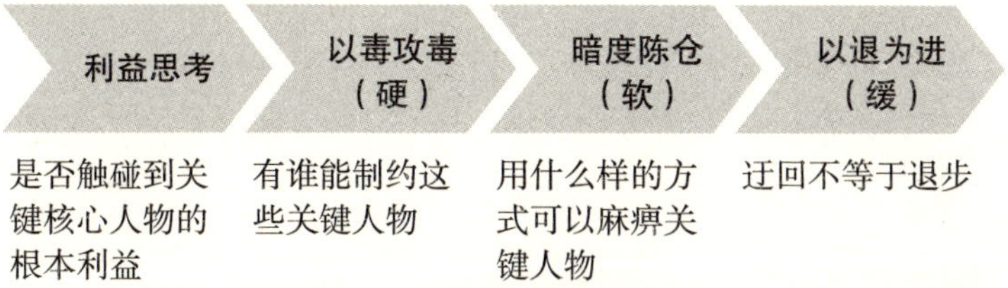

利益思考	以毒攻毒（硬）	暗度陈仓（软）	以退为进（缓）
是否触碰到关键核心人物的根本利益	有谁能制约这些关键人物	用什么样的方式可以麻痹关键人物	迂回不等于退步

图6-7 破解关键不利因素

一、利益思考：是否触碰到关键核心人物的根本利益

这里所说的关键核心人物也就是公司内职位、权力、关系都比较大的关键人物，项目推动前就要评估项目是否会触动这部分人的核心利益，如用人权、职权、职位，或收入。

比如，笔者曾经推行过一个内部人才推荐培养项目，但一直都不敢实施，原因是其中一个运营核心部门的负责人控制欲很强，绕过他让他的手下给HR推荐、培养人才，在他看来就是在"挖墙角"，肯定会极力反对。后来笔者趁这个部门负责人离开公司的真空阶段，才迅速地推行了这个项目。

二、以毒攻毒：有谁能制约这些关键人物

当发现项目的推行绕不开触碰关键核心人物的根本利益时怎么办呢？此时应寻找公司内能制约这些关键人物的人。

笔者曾经在一个大部门合并后的运营部门做中层领导的绩效激励项目推动，对真正表现好的中层干部进行关怀，于是对评分标准进行了调整，这便触碰到了评分委员会的评委，也就是该部门负责人的利益——他想按照原来的评分制度执行，按照自己主观的想法进行评分。因此项目的推行碰到了阻力，沟通难以继续进行。笔者最后找到了能对这位负责人产生制约的一个领导，对他委婉地施加了一点压力，才最终解决了这件事。

可能有伙伴会问，如果遇到了总经理反对怎么办呢？这时，只能用暗度陈仓的办法。

三、暗度陈仓：用什么样的方式可以麻痹关键人物

某HR做的培训讲师奖励政策被总经理和财务副总以降本增效的理由否决，但其实这点费用对真正的降本根本起不到太大的作用，两位领导的最终目的不过是想"秀"给老板看。HR把培训讲师的课都已经沟通好，现在又说拿不到奖励，就是失信于人，以后HR再安排内部讲师将困难重重。后来，该HR通过对奖励的金额进行拆分，以岗位津贴的形式将这笔钱发到了讲师手中，成功解决问题，这也

是没有办法的办法。

四、以退为进：迂回不等于退步

可能很多HR都有一种感觉：被其他部门放在了对立面上，如在调薪工作上，就会有事业部老板以为是人事部门在把关，不让自己部门的人晋升或者调薪幅度欠妥。

通常情况下，精明的HR会立即对事业部老板说明这样做的原因，自己的建议是什么，如是从部门的薪资平衡以及调薪员工的个人纵向发展等分析得出的。这样做立即就会使对方对自己的敌意减少一半，此时可以再补充一句"这是公司的薪酬体系，您也知道是董事长审核的，我没有决策权。"

因此，后来HR在此项目的操作过程中没有正面与业务部门形成对立，很柔和地化解了看似尖锐的问题。

第6节

项目推动不顺利的原因及破解方法

我们知道了项目推动会有很多的不利因素,通过上节内容的学习也掌握了破除关键不利因素的核心技巧。

总结以上不利因素,项目推动不顺利无非就是以下几点没做好(如图6-8所示)。

方法　　对不利因素考虑不周

人员　　推动人员选择错误
　　　　配合人员选择错误

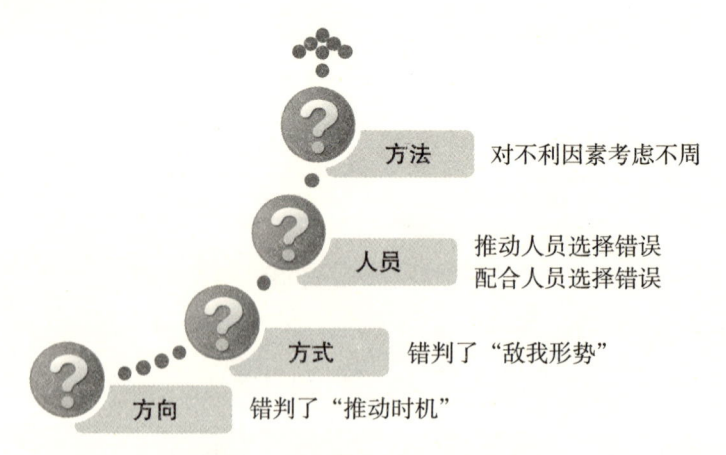

方式　　错判了"敌我形势"

方向　　错判了"推动时机"

图6-8　项目推动不顺利的原因

要破解这些不利因素，可以从四个方面入手（如图6-9所示）。

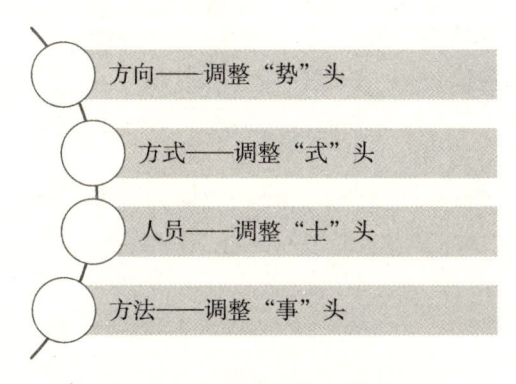

- 方向——调整"势"头
- 方式——调整"式"头
- 人员——调整"士"头
- 方法——调整"事"头

图6-9 项目瓶颈的破解方法

方法层面：对不利因素考虑不周，评估可能过于乐观，借势不够。如果是方法不对，就要评估是否触碰到了关键人物的利益，及时调整方法，调整"事"头。

人员层面：评估是推动或配合人员选择错误，还是配合人员阳奉阴违、敷衍了事，还是配合人员能力不够、潜力不足，无法将项目落地。如果是人员不对，那么没有其他办法，只能作出人员调整。

方式层面：错判了"敌我形势"，这时就要评估自下而上或者自上而下、上下结合的推行方式是否选择正确，及时调整推行的方式。

比如，很多HR在推动试用期管理项目的时候，每个阶段都要进行访谈、填表等，开始时以为各部门都很配合，于是开始以自上而下的方式推进项目。

但是在项目开展的过程中，中高层领导关注的是离职率问题，并不支持试用期管理项目，各部门负责人也几乎不再配合这项工作。

这就属于推行方式的选择错误,影响了项目推动。

方向层面:错判了"推动时机"。要评估项目是否是关键人物当下的需求、是否是部分人的强烈需求等。如果是方向不对,就要调整项目推进的时机,挖掘需求,充分借势,顺势而为。

那么,在项目推动过程中,怎么复盘项目的实施进度是否达标呢?

第7节

全面复盘项目实施进度

所有管理都遵循PDCA原则（Plan、Do、Check、Action的首字母缩写，又称"戴明环"），本节的内容实际属于项目推进中的最后一步，目的是使后面项目该完善的得到完善、该优化的得到优化、该改进的得到改进，一般从以下三个方面入手复盘（如图6-10所示）。

图6-10 复盘项目的三个维度

一、预期目标的达成度

复盘是否达到了预期目标。

比如，前面提到的降低离职率项目，预期目标可能包含好几项，如离职率降低、增强部门新人的融入感、被认同感等，要着重盘点细分指标的数据。

二、关键目标的达成度

在前述员工关怀方案中，员工的职业生涯规划通道是否顺畅、员工申诉通道是否顺畅等这几个指标就是关键目标，要从中得出最终留住了多少你想留住的绩效为A、B和良好的员工，他们的离职率降低了多少。

三、重大异常事件的影响程度

虽然预期目标达成了，但还是要评估重大异常事件的影响，如果出现了重大事件，最后要评估这件事对项目的影响有多大，是否可以抵消关键目标的达成度。

综上所述，要实施好员工关怀方案，需要注意以下几点。

1.项目的推动切忌一开始就全面铺开，这样做失败的概率非常大。

2.项目的启动需要顺势而为，要选择合适的切入点，在把握越大的部门切入越好，要选择理念一致或有共同利益的人配合。

3.当项目出现异常时，需要评估其触碰了哪些人的利益，并妥善化解。

4.最后评估预期和关键目标是否达成，评估重大异常事件的影响有多大。

第七章

员工关怀效果包装宣传的操作技巧

第七章 员工关怀效果包装宣传的操作技巧

如何让用人部门、自己的上司、公司的老板知道自己做员工关怀项目时具体都做了哪些事，为部门、公司创造了哪些价值？又如何通过对结果的宣传提升自己在公司的地位呢？几份报表、年终总结报告肯定是不够的，因此，做好员工关怀的包装宣传尤为重要。

那么，工作有了效果后要怎么宣传呢？它的总体思路是怎么样的呢？本章将为你详细讲解。

第1节

员工关怀宣传思路

提到员工关怀宣传，大家都会比较注重将团建活动、生日会、员工座谈会等一些员工关怀活动过程中的照片放在公司的宣传窗口进行展示，或者在企业官网、内刊、微信公众号上进行宣传。

其实在宣传上，很多伙伴会忽视前面两个很重要的阶段的宣传：借势和造势，这就是员工关怀的宣传思路出现了问题。一般来讲，员工关怀的宣传要分阶段进行（如图7-1所示）。

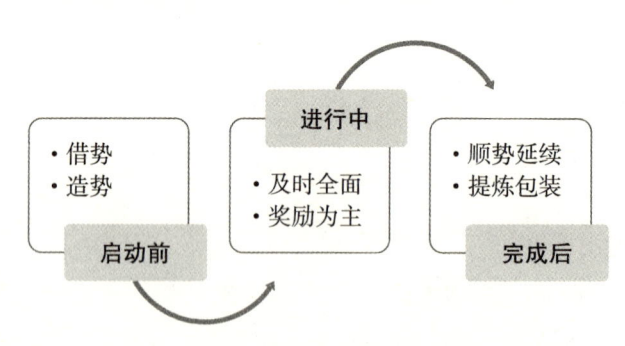

图7-1 员工关怀工作成果的宣传思路

在项目启动前，要充分借公司、领导的势进行造势；在项目进行中，要对过程中的关键节点，或者阶段成果进行宣传；在项目完成后，要对整个项目的亮点、成绩进行提炼和包装，同时也为下一个项目的全面铺开提前做好铺垫、宣传工作。

比如，公司要举办一个大型的年会，宣传并不是等年会结束后，或在年会现场才开始，而是在项目启动前就开始了：包括节目的筛选、排练，而通过邮件、微信等方式进行的联络沟通其实也是另外一种宣传方式。

在年会项目推进阶段，HR每天可以将哪些人参加了彩排、进度如何、取得了哪些效果等情况写成邮件，公开发送到各部门，一方面起到造势的作用，另一方面大家能看到并讨论参加训练的都有谁，还有谁没参加，"拖后腿"的人看到邮件如果觉得不好意思，也会积极配合。这就是项目进行中的正激励。

年会完成后，还要评估它是否达到了提升凝聚力等效果，把年会项目提炼包装一下，在公司内部进行宣传。同时，还可以将年会中的精彩节目提取出来，顺势参加园区或者当地社区组织的年会表演活动。

如果年会开了一个好头，就可以顺势延续，在公司内部成立一些兴趣社团，一方面提升员工的积极性和凝聚力，另一方面还可以为第二年年会的成功举办打下基础。

明白了以上的总体思路，我们来看员工关怀方案宣传包装的具体操作技巧。

第2节

"以终为始"，定位宣传效果

关于宣传内容的选择，我们要怎么提炼，才能保证宣传效果呢？

做任何事情都要以终为始，员工关怀宣传也是一样的，一般来讲，要问自己三个问题（如图7-2所示）。

你想"秀"什么

为什么想"秀"

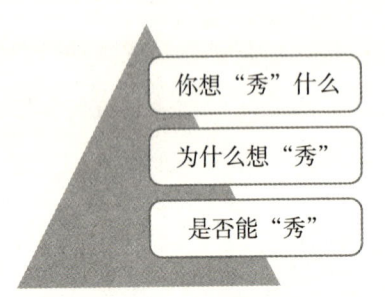

是否能"秀"

图7-2　宣传内容的选择

一、你想"秀"什么

你想宣传什么、想展示什么内容给大家？如果你想把离职率数据"秀"给大家看，那么不妨将季度离职率统计表通过公司邮件发送给各用人部门。

二、为什么想"秀"

你为什么要展示这些内容？上面提到的"秀"离职率数据，可能就是为了让用人部门重视降低离职率的工作，并给予离职率低的部门正激励，给离职率高的部门一定压力。人事部门招聘辛苦，假如平白因为用人部门没有做好员工关怀工作导致员工离职，之后又来人事部要人，人事部门的工作将非常被动。所以，转嫁人事招聘的压力，是"秀"离职率数据表的最核心目的。

三、是否能"秀"

这些内容是否可以展示出来？肯定是可以的，但前两个月的数据不要进行展示，展示第三个月的数据即可，因为前两个月的数据大家还不是特别好，容易被其他部门怀疑HR部门的工作。

第3节

因势导利，选择宣传对象

在选择宣传对象时，可以采用以下几种方式（如图7-3所示）。

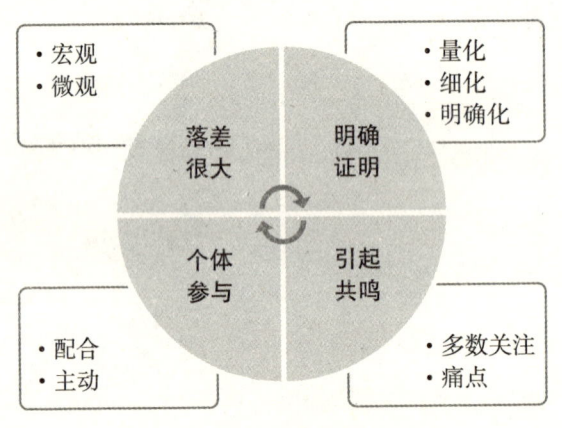

图7-3 选择宣传对象的方法

一、落差很大

还是举上述这个"秀"离职率数据表的例子，在这里，假如某个部门的数据与其他部门相比落差很大，就可以将该部门的数据用红字表示出来，引起震撼、重视。因为要利用落差大的原理吸引眼球，所以我们在选择宣传对象时，也要选择在宏观或微观层面落差很大的数据进行展示，形成震撼的效果，引起关注。

二、明确证明

最好选择可以量化的指标数据来进行展示，如果能细化到某个职位的数据，效果就会更好。

对于一些难以量化的指标，如员工反馈食堂的汤是凉的，这个汤的凉热就不能量化，只能明确化。可以说后来我们经过改善，夜班食堂的汤变热了，这就是明确化的指标。

三、引起共鸣

即多数人的"痛点"如果解决了，是可以拿来宣传的。笔者曾经所在的公司收到最多的就是对食堂的投诉——食堂有一段时间是提供面食的，但是过了一段时间就偷懒没做了，恰好公司有一部分北方员工，于是他们就投诉食堂的伙食差，理由是只有米饭没有面食。这是多数人关注的，也是员工的"痛点"，必须立即解决，做好了可以进行宣传。

四、个体参与

比如，员工关怀项目中访谈和申述这部分之前处理得非常不好，员工意见非常大，但后来得到了妥善的解决。这时就可以挑选个体参与较好的、主动配合的人员以访谈拍照等形式进行宣传。

确定好宣传对象之后，就要考虑宣传方式了。

第4节

因地制宜拟定宣传方式

在选择宣传方式时，可以从以下四个方面入手（如图7-4所示）。

宣传范围	展示平台	宣传时间	宣传工具
内部	传统	特定	传统媒体
外部	新式	日常	新媒体

图7-4　宣传方式的选择

一、宣传范围

宣传的范围是指主要针对哪部分人进行宣传：内部、外部还是内外结合地宣传。

比如，公司为表达对管培生的关怀，经常会组织中秋节、圣诞节活动。除对公司内部的管培生进行宣传外，同时还可以在校招时邀请校方的领导前来参观，对他们进行宣传，或者在宣讲会上对大学生进行宣传。这种宣传的目的就是为校企合作和校园招聘创造良好氛围，让校方领导看到公司的优势，让学生看到在公司工作有发展前途，毕业后愿意入职。

二、展示平台

展示平台可分为传统和新式两种。传统方式指公司的内刊、报纸、海报、论坛等传统平台；新式方式指微信公众号、今日头条等平台。

三、宣传时间

宣传时间上可分为特定时间和日常时间。在特定时间，可以对某个特殊的项目进行表彰和宣传，如在总结大会结束时进行宣传和表扬。

日常时间可以是公司的晨会、晚会，如在晨会上简单介绍某部门对某位员工做了哪些员工关怀的活动、怎么做的、员工之前的情况如何、现状如何等。

口头宣传也是宣传，不是非要打印出来、画上重点，也不是非要上墙才算宣传，口口相传的效果会更好。

四、宣传工具

从宣传工具上说，大致可分为传统媒体和新媒体（如图7-5所示）。

户外实体广告

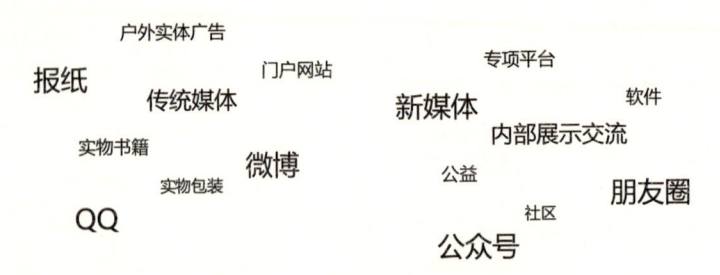

报纸　　　　　　　门户网站　　　专项平台
　　传统媒体　　　　　新媒体　　软件
　　　　　　　　　　　　　内部展示交流
实物书籍　微博　　　　　公益
　　　实物包装　　　　　　　　　朋友圈
QQ　　　　　　　　　　社区
　　　　　　　　公众号

图7-5　传统媒体和新媒体

传统媒体整体上接受信息的方式比较被动，但受众面较广，虽然展示得不会很精细，但可以达到广而告之的效果（如图7-6所示）。

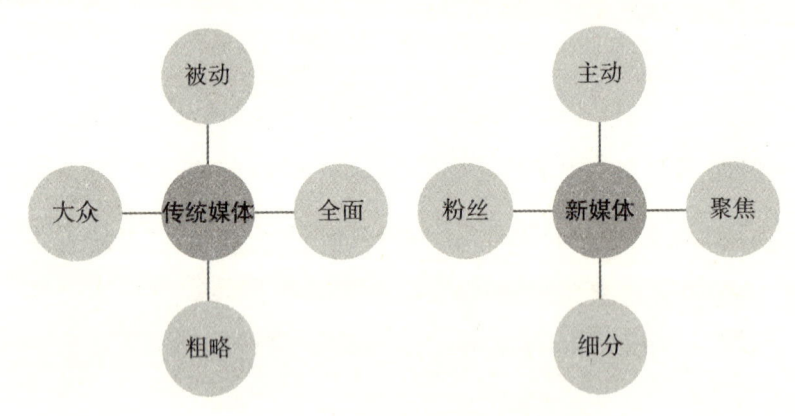

被动　　　　　　　主动
大众　传统媒体　全面　　粉丝　新媒体　聚焦
粗略　　　　　　　细分

图7-6　传统媒体和新媒体的特点

比如，传统的户外实体广告，不管你想不想看、想不想知道，它都在那里展示着，只要你经过它，就会被动接受它展示的内容。

新媒体的特点是有特定的用户群，能充分聚焦信息，能吸引粉丝，信息的细分和针对性强。

比如，朋友圈，通常情况下朋友圈的人群比较聚焦，因为你是什么圈的人，你的朋友大部分也处在同圈或者是有关联的圈子中。

确定好宣传思路，接下来就可以细化宣传内容。

第5节

集思广益，完善宣传内容

我们一直强调，员工关怀项目一定要增强员工的参与感，此处的包装宣传环节，属于员工关怀项目里的收尾环节，员工参与感也很重要。常言道，三个臭皮匠、顶个诸葛亮，因此，要集思广益确定宣传内容，而不是由HR决定，这个内容的完善一般可以从以下四个方面入手（如图7-7所示）。

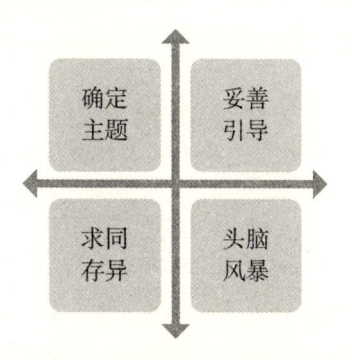

图7-7　完善宣传内容的思路

先要确定主题，之后进行妥善的引导，过程中使用头脑风暴的方式收集内容，最后求同存异，达成共识。

比如，要做一次优秀员工旅游的宣传，目的是吸引公司的其他员工争当优秀员工，那么宣传时就要让大家觉得旅游过程中的节目很丰富、活动异常精彩、员工非常开心，要努力展示旅游过程中的亮点，引导和增加优秀员工评选的吸引力度和强度。

在实际确定宣传内容时需要整理很多素材，包括照片、匹配文字，整个宣传的排版，等等。HR作为组织者，可以把参与内容策划的人都召集起来进行一次头脑风暴，集思广益、各抒己见，过程中不要打击别人的想法，但是要做好引导，引导大家紧扣主题，不要偏离主题。

有一次公司为了加强校企合作，邀请了某高校的领导和优秀毕业生代表来公司参观，其中一个环节是用PPT汇报展示公司的大学生培养项目。HR不光从相关部门抽调了七名同事参与，同时还从该高校的学生会里邀请了三名同学参与进来。因为PPT是展示给学校看的，需要从用户的角度来看宣传的内容和方式是否符合学校的要求，所以必须有学生的参与才是合理的。

此事的策划和牵头人是公司副总，因此他对目的和主题的把控非常精准。他也是会议的主持人，头脑风暴过程中，一旦讨论偏离主题，他会立马引导大家回归主题，这就是妥善引导和头脑风暴环节。在此过程中，每做出一页PPT就发给大领导审核，有问题马上修改，最后大领导跨过两个厂区来到会议室与大家一起讨论定稿，形成共七页的PPT，十二个人讨论了三个小时，加班到很晚，做出了最终的定稿版。这就是求同存异。

所以这里集思广益的过程其实就是会议管理的过程。

以上整个宣传内容确定好后，接下来就可以从人、机、料、法、环的角度输出具体的宣传（如图7-8所示）。

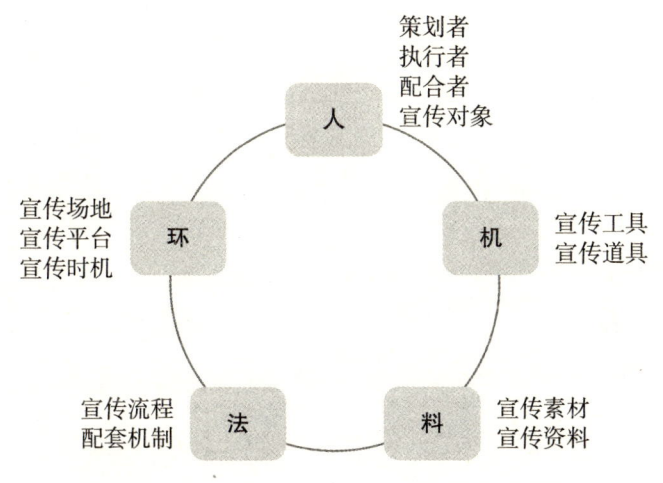

图7-8　以人、机、料、法、环的方式输出宣传

继续说之前的例子。

人：策划者是公司的副总，执行者是参观现场和在会议室讲解的两个人，配合者是参加讨论会时从相关部门抽调的五名同事，宣传的可以是人，也可以是事。这里指的是针对大学生关怀的项目。如中秋、圣诞举办的活动，大学生职业晋升规划方案、定向培训方案，等等。

机：宣传工具就是参观活动过程中需要使用到的话筒、投影笔、投影仪之类的工具设备。宣传道具是需要展示的海报、展架、电子屏幕等。

料：宣传素材就是需要展示的内容，宣传资料是活动流程小册子、公司简介和项目介绍小册子等。

法：是整个宣传活动的策划流程，在活动前就需要编排好素材并分配好每个人的任务，准备好配套的机制。除HR部门外，还需要相关被参观部门的人员来配合协作，如接待、讲解等。

环：分为软、硬件两个部分。宣传场地是指宣传所在的场地，宣传的平台是指公司的内刊、公众号、内部网站等。最后是对宣传时机的把握，这个是软性的，如海报投放的位置分别选在了食堂门口和单车棚旁边，以便员工下班后及时看见，更换的时机一般选择员工下班吃饭前。

人、机、料、法、环不是独立的，而是你中有我，我中有你的，在这五个要素中，人是处于中心位置的。

第6节

群策群力执行宣传效果

执行宣传效果时，需要充分发挥高、中、基层的力量（如图7-9所示）。

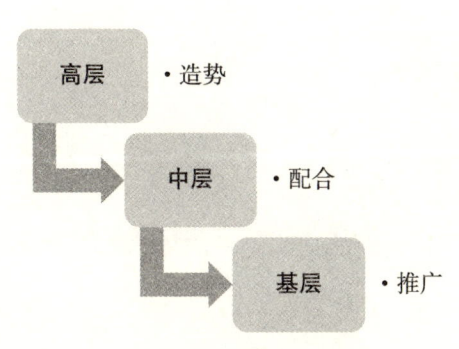

```
高层 · 造势
  ↓
 中层 · 配合
   ↓
  基层 · 推广
```

图7-9　宣传的落地执行

要借助高层的力量为宣传活动进行造势，只要高层一句"大家要关注员工关怀的宣传"，大家的目光就会聚焦在这里，顶得上HR劳心劳力宣导半天。

中层作为部门的一把手，对信息的传达起着非常重要的作用，如一些信息应该在早、晚例会上进行宣贯，但如果中层不宣贯，HR

也毫无办法。所以奖惩的关联机制要设计好，才能充分调动起中层配合的积极性。

在基层的推广环节，必须把细节对基层人员交代清楚、宣贯到位，让员工知道，对于反馈的问题，公司都解决、满足了哪些。

在这个过程中HR做好辅助、跟踪工作即可。

很多HR容易犯的一个错就是待在办公室里，而不到基层去，不去跟踪到底中层和基层有没有落实，那么，HR要怎么跟踪，才能知道工作有没有落实下去呢？

第 7 节

双管齐下，跟踪宣传效果

跟踪宣传效果可分为公开和私下两种方式（如图7-10所示）。

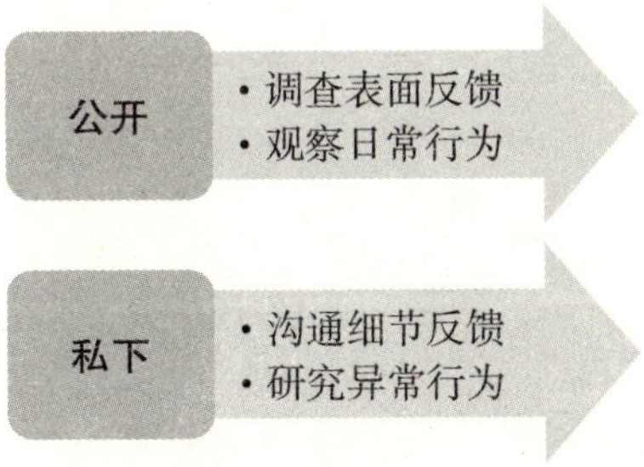

公开
- 调查表面反馈
- 观察日常行为

私下
- 沟通细节反馈
- 研究异常行为

图 7-10　跟踪宣传效果

一、公开地：调查表面反馈、观察日常行为

许多HR伙伴最喜欢用的就是公开调查——组织完一场活动后，做一份活动调查表下发给员工，调查大家对这项活动的满意度，进行评选。过几天收上来统计，发现满意度很高，但这样的结果将误导HR的工作。因为员工内心真实的满意度无法通过问卷体现。

但是调查表面反馈是否就一无是处了呢？也不是，表面上的工作还是要做的。要想跟踪宣传效果，除了采用上述调查问卷的方式，还可以通过观察日常行为，如哪些部门把宣传海报张贴在了部门的看板上，哪些部门没有来进行。

二、私下地：沟通细节反馈、研究异常行为

要想真正掌握情况，还要靠私下的跟踪，包括沟通细节的反馈和研究异常行为。

比如，公司有一位新来的员工关系专员组织了一场优秀员工旅游活动，在咨询旅行社后，他选好了一个旅游目的地，并将活动发到各部门进行前期调查，结果发现报名的人很少。专员很纳闷，赶紧私下找到各部门的助理和员工旁敲侧击、了解情况。原来几个月前，公司组织过到这个地方的旅游，大家反馈不怎么好玩，同时这一期的优秀员工和上一期的差不多，可想而知，员工报名的积极性都不高。所幸他在前期调查阶段就发现了问题，如果直接和旅行社确定目的地，最终到场的人却寥寥无几，场面将十分尴尬。

又如，公司之前做了一个离职率项目的宣传，并把离职率数据展示了出来，于是一个二级公司的负责人就找到了HR部门，询问员工关怀项目具体是怎么做的？为何他的部门的离职率这么高，其他部门的离职率却这么低，怎么做到的？分公司也要安排人来学习，并参与到员工关怀项目中。

因为之前HR找他们做员工关怀项目时，他们的态度就总是爱搭不理的，所以在前期设计时就将他们屏蔽了。现在这个部门的离

职率数据在全公司公布出来后，排倒数第一，负责人如坐针毡，便主动要求安排人员加入。这说明宣传效果达到了目的——就是要刺激这些平常不搭理HR的部门主动加入项目，这就是异常行为。所以，大家不要一谈到"异常"就觉得一定是"不好"的，也有"好"的异常。

第8节

查漏补缺调整宣传方案

在查漏补缺时，一般可以从以下五个方面入手（如图7-11所示）。

"三化"盘点目的是否达成
分析为何达成、为何达不成
未达成的主要原因提炼
转客观因素为主观因素
制订临时对策/长期对策

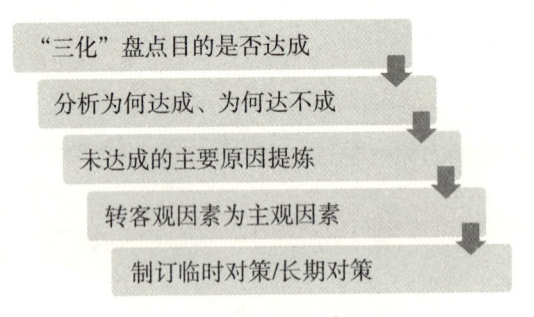

图7-11 对宣传方案查漏补缺的方法

一、"三化"盘点目的是否达成

在查漏补缺调整宣传方案的环节，要先根据整体效果，从细化、量化、明确化的"三化"角度盘点宣传是否达到了目的，以终为始。

二、分析为何达成、为何达不成

如果目的达成，再分析为什么能够达成，经验有哪些？如果目的未达成，则要分析未达成的原因有哪些。

三、未达成的主要原因提炼

从这些未达成的原因里，提炼出对达成目的影响最大的那一个。

四、转客观因素为主观因素

这里有一个误区——很多HR在做员工关怀活动时只能想到钱，所以分析原因时容易把原因定位在"钱不够""人不来""对方主管不配合"等客观因素上，一旦把原因定位于这方面，那就代表HR没找到真正的原因。这时需要关注以下两点。

为何在资源有限的情况下，没有找其他可替代的资源？

哪些方面做好了、哪些方面没做好，导致其他部门不配合？

把握好以上两点，就将客观因素转为了主观因素。

五、确定临时对策/长期对策

把主观原因找出来之后就可以有针对性地确定临时对策和长期对策了。那么，什么是临时对策？什么是长期对策？

沿用前例，公司新来的员工关系专员组织优秀员工旅游活动，专员刚把配有优秀员工头像并参加旅游活动的海报张贴出去，部门负责人就找到了负责员工关怀项目的几个同事开会。原来，海报里出现了两名非优秀员工的头像。专员解释说这两人刚好这天轮休，自费跟公司参加活动，专员认为反正都是员工自己掏钱，就同意了，将他们的头像也一同做进了海报，结果可想而知，专员被部门负责人狠狠地批评了一顿，因为这样做会使优秀员工失去荣誉感，活生生把激励因子做成保健因子。

于是部门负责人临时调整了对策：散会后立即把张贴的海报取下，待正确的海报到位后再张贴宣传。

而长期对策则是：以后海报的审核必须经过部门负责人和负责优秀员工绩效审核的人确认无误后才能发布。

综上所述，要做好员工关怀的宣传需要注意以下几点。

1.确定宣传的目的，以终为始地开展宣传工作。

2.根据不同的目的，选择不同的宣传对象、方式和工具。

3.通过集思广益的方式确定宣传内容，而不是闭门造车。

4.通过高层造势、中层配合、基层推广的方式执行宣传。

5.从公开和私下两个层面跟踪宣传效果。

6.最后对宣传效果查漏补缺、分析原因，确定临时和长期对策。

员工关怀项目可大可小，具体操作时根据自己公司的实际情况，既可以选择从大面推进，也可以选择从小项目开始。但是一定要把握好整个项目规划的思路、设计的逻辑以及推动、协调的方法，还有包装、宣传的注意事项和技巧。

作业练习

知道不是得到,做到才能得到。为了真正掌握薪酬福利与员工关怀各项工作的实施方法,请扫描下方二维码获取配套练习作业。

附录1

学徒六级划分表

等级	职位实力		年收入（元）(一线城市)
	职务	实力	
六级	大型企业模块主管	千人集团公司HR模块主管	12万-15万
	中型企业HRS	百人公司HR主管	
五级	大型企业模块专员	千人集团公司HR模块专员	10万-12万
	中型企业模块经理	百人公司HR模块经理	
	小型企业HRM	少于百人公司HRM	
四级	中型企业模块主管	百人公司HR模块主管	8万-10万
	小型企业HRS	少于百人公司HRM	
三级	大型企业模块助理	千人集团公司HR模块助理	6万-8万
	中型企业模块专员	百人公司HR模块专员	
二级	大型企业实习生	千人集团公司HR实习生	5万-6万
	中型企业模块助理	百人公司HR模块助理	
	小型企业专员	少于百人公司HR专员	
一级	中型企业实习生	百人公司HR实习生	5万以下
	小型企业助理	少于百人公司HR助理	

附录 1

高手九段划分表

等级	职位实力		年收入（元）（一线城市）
	职务	实力	
一段	大型企业模块经理	千人集团公司 HR 模块经理	15万-20万
	中型企业 HRM	百人公司 HRM	
	小型企业 HRD	少于百人公司 HRD	
二段	大型企业 HRM	千人集团公司 HRM	20万-30万
	中型企业 HRD	百人公司 HRD	
	小型企业 HRVP	少于百人公司 HR 决策者	
三段	大型企业 HRD	千人集团公司 HRD	30万-50万
	中型企业 HRVP	百人公司 HR 决策者	
	专业 HR 模块咨询师/讲师	合格人力单模块咨询顾问/讲师	
四段	千亿集团模块总监	国内顶级企业 HR 模块总监	50万-100万
	大型企业 HRVP	千人集团公司 HR 决策者	
	专业 HR 全盘咨询师/讲师	合格人力全模块咨询顾问/讲师	
五段	千亿集团 HRD	国内顶级企业 HRD	100万-300万
	百亿集团 HRVP	行业名企 HR 决策者	
	人力操作方法论创立者	专家级人力管理咨询顾问	
六段	千亿集团 HRVP	国内顶级企业 HR 决策者	300万-500万
	百亿集团创始 CHO	行业名企初代 HR 负责人	
	管理操作方法论创立者	专家级管理咨询顾问	
七段	百亿集团创始人	行业名企创始人	千万
	千亿集团创始 CHO	国内顶级企业初代 HR 负责人	
	人力底层方法论创立者	国内顶级人力管理专家	

续表

等级	职位实力		年收入（元）（一线城市）
	职务	实力	
八段	千亿集团创始人	国内顶级企业创始人	上亿
	万亿集团创始CHO	世界顶级企业初代HR负责人	
	管理底层方法论创立者	国内顶级管理学大师	
九段	万亿集团创始人	世界顶级企业创始人	10亿+
	管理底层逻辑创立者	世界顶级管理学宗师	
	人力底层逻辑创立者	世界顶级人力管理宗师	

备注：

创始人，指的是凭借个人能力，在资源匮乏的时候，带领组织从小到大发展起来的组织最高负责人。

创始CHO，指的是凭借个人能力，作为HR一把手，支撑组织从小到大发展起来的人力资源负责人。

宗师，指的是整套完善体系的开创者。

大师，指的是基于完善体系的整套底层方法论的开创者。

专家，指的是底层方法论的开创者。

专家级顾问，指的是方法论的开创者。

顾问，指的是操作技巧工具的开创者。

附录2

薪酬福利技能评鉴表

类别	NO.	项目	1分（几乎不会）	2分（能独立操作）	3分（熟练运用）	4分（非常熟练）	5分（精通）	现状分值	目标分值
薪酬福利	1	薪酬调查							
	2	岗位价值评估							
	3	职等职级建设							
	4	薪酬方案确定与实施							
	5	薪酬制度设计							
	6	薪酬体系搭建							

附录3

员工关系技能评鉴表

类别	NO.	项目	1分（几乎不会）	2分（能独立操作）	3分（熟练运用）	4分（非常熟练）	5分（精通）	现状分值	目标分值
员工关系	1	劳动合同拟定							
	2	入、离职管理							
	3	社保工伤办理							
	4	员工档案管理							
	5	薪酬考勤管理							
	6	劳动争议处理							
	7	劳动风险规避							
	8	试用期管理							
	9	离职面谈技巧							
	10	职业生涯规划							
	11	关键人才管理							

后　记　人力资源学徒九级和高手十段

评估一个人的实际能力，不能仅看职务名称叫什么，还要看具体的岗位工作承担了什么职责，行使了什么权力。基于这个逻辑，许多公司的创始老板其实才是组织内部的HR最高管理者，整个组织的选、育、用、留的最终决策，都是老板在规划实施。

这也就是我们经常提及的一个概念，老板永远是企业里的HR最高管理者。延伸到组织，他就是组织的最高决策者，永远是组织的人力资源最高管理者。

名词解释：

人力资源从业者的三个层级，六类核心技能

高端技能（经营技能）： 基于战略规划，运营管理的人力规划技能。

如：组织顶层设计，商业模式设计，运营模式设计，资本规划，产品规划，人脉规划，资源规划，人力规划等。

中端技能（管理技能）： 基于项目推动，团队管理的人力管理技能。

如：运营落地，项目落地，业务支撑，内部管理，跨部门管理，人力分解等。

基础技能（执行技能）： 基于传统专业，自我管理的人力实施技能。

如：HR六大模块实施，职业定位，时间管理，高效执行，学习技巧，问题分析与解决，高效自律，有效沟通等。

人力资源从业者的四类研究

体系化的人力资源底层逻辑；

匹配底层逻辑的指导方法论（底层方法论）；

匹配底层方法论的操作技巧（SOP）；

承载操作技巧的工具模型。

人力资源从业者的两大层级

HR学徒：登堂入室前的人力资源从业者。

HR高手：登堂入室后的人力资源从业者。

学徒级别：无论头衔，实际操作中，仍以执行为主，似懂非懂地做人力资源——**技能化**。

这个级别的HR，对于HR处于一知半解状态，总感觉能抓住一点，却又总是抓不住，内心很容易焦虑，喜欢模仿工具模型，考取证书，疯狂看书，尽量使自己"专业点"。

遗憾的是，从行为和结果来看，目前国内大多数HR都处于这个阶段；当然，这是客观条件导致的，与中国市场经济发展阶段和人力资源整体的发展有关系，后面会有解析。

不少老一辈的人力资源经理和总监，更多是从人事经理总监直接"硬着陆"变成的。时代变了，但是由于不少老一辈企业家和高管固有的思维没变，导致名不副实的人力经理总监在许多企业大面积存在。"老"经理和"老"总监们无论是思维上，还是职权上，还停留在传统人事行政上，对于人力资源更多是一知半解。

改变是痛苦的，尤其是思维的改变更痛苦，这一条就拦住了大部分老一辈HR经理总监的改变之路。更何况许多"老"人力经理总监，已经走过35岁+了，在现有企业暂时还能"混"得下去，混得还不错，而从短期看，改变需要承担巨大的痛苦和风险，那就更没有必要去改变了。

这些都是造成国内学徒级别的HR比例过大的一些因素。

一段高手到三段高手：站在人力资源做人力资源——**技术化**。

这个段位的HR有了一技之长，踏入了专业的门槛，能够逐渐开始协助企业的运营，具备一些环境下的实践成功结果。但是，喜欢把一切都往HR上套，易过度"神化"HR的作用，将HR凌驾于所有之上，看不起其他管理者。

市面上大多HR讲师处在这个阶段。

四段高手到六段高手：跳出人力资源做人力资源——**管理化**。

这个段位的HR小有所成，对运营已经很熟练，能够逐渐开始协助公司的经营，具有自己独立的理论知识见解和丰富的标准化实践成功结果。但是他们会逐渐自满，容易认为自己的认知是"最牛的"，看不起其他HR，凡事都喜欢上去争个输赢，证明自己是最对的那个，喜欢"求同"，却不喜欢"存异"。

市面上大多HR咨询师处在这个阶段。

七段高手到九段高手：都是人力资源——**艺术化**。

这个段位的HR逐渐大成，无论是运营管理还是市场业务都非常纯熟，甚至可以独立经营公司，而且有了自己完善的标准化知识技能体系，能在不同环境下批量复制成功实践，重新认识到HR的无所不能，人类的一切行为都是HR，也开始重新认识到了HR的博大精深，高手如云，自己的体系不过仅仅是众多HR高手的一种合理存在的派系。

这个阶段的HR如非特殊需要，基本处在"隐身"状态，很少出现在公众视野里。因此你很少看见华为、阿里、腾讯、福耀、万科、富士康、碧桂园、美的、海尔、格力、小米、吉利等企业真正的HR一把手们经常活跃在公众视野。活跃在公众视野的基本都是HR部门十名以外的，或者事业部，子公司的VP，甚至总监。

不过，九段高手的光芒太盛，就算自己想隐藏，也会被媒体曝光。

十段高手：一切都是资源——**自然化**。

这个段位的HR，已经与HR彻底融为一体，到处都是HR，到处又没有HR，像呼吸一样，一切都是顺其自然！

这个阶段的HR，树欲静而风不止，就像黑夜中的月亮一样耀眼，难以掩藏光芒。

图书在版编目(CIP)数据

HR 薪酬激励技能实操全案：中小企业如何做好薪酬管理和员工激励 / 瓮春春，尹超，邬登凤著 .—北京：中国法制出版社，2021.7

（百习而见商学院系列 / 瓮春春主编）

ISBN 978-7-5216-1914-0

Ⅰ.①H… Ⅱ.①瓮…②尹…③邬… Ⅲ.①中小企业—企业管理—工资管理②中小企业—企业管理—人事管理—激励 Ⅳ.① F276.3

中国版本图书馆 CIP 数据核字（2021）第 103361 号

策划编辑：郭会娟

责任编辑：郭会娟　　　　　　　　　　　　　　　　封面设计：汪要军

HR 薪酬激励技能实操全案：中小企业如何做好薪酬管理和员工激励
HR XINCHOU JILI JINENG SHICAO QUAN'AN: ZHONG-XIAO QIYE RUHE ZUOHAO XINCHOU GUANLI HE YUANGONG JILI

著者 / 瓮春春　尹　超　邬登凤

经销 / 新华书店

印刷 / 三河市国英印务有限公司

开本 / 710 毫米 ×1000 毫米　16 开　　　　　　　印张 / 15　字数 / 200 千

版次 / 2021 年 7 月第 1 版　　　　　　　　　　　2021 年 7 月第 1 次印刷

中国法制出版社出版

书号 ISBN 978-7-5216-1914-0　　　　　　　　　　　　　定价：56.00 元

北京西单横二条 2 号　邮政编码 100031　　　　　　传真：010-66031119

网址：http://www.zgfzs.com　　　　　　　　　　编辑部电话：010-66038703

市场营销部电话：010-66033393　　　　　　　　　邮购部电话：010-66033288

（如有印装质量问题，请与本社印务部联系调换。电话：010-66032926）